WOLFGANG HALM

DAS SPANISCHE VERB

WOLFGANG HALM

DAS SPANISCHE VERB

Systematische Konjugationstabellen
Gebrauch der Zeiten und Modi

MAX HUEBER VERLAG

| 10. 9. 8. | Die letzten Ziffern |
| 1996 95 94 93 92 | bezeichnen Zahl und Jahr des Druckes. |

Alle Drucke dieser Auflage können, da unverändert,
nebeneinander benutzt werden.
6. Auflage 1977
© 1963 Max Hueber Verlag, D-8045 Ismaning
Gesamtherstellung: Friedrich Pustet, Regensburg
Printed in Germany
ISBN 3–19–004005–2

VORBEMERKUNG

Das vorliegende Heft bietet die Konjugation der spanischen Verben in weitgehend vollständigen, übersichtlichen Tabellen. Mit Rücksicht auf den Anfänger wurde die Betonung bei den Hilfsverben *haber* und *ser*, bei dem regelmäßigen Verb *invitar*, bei dem regelmäßigen reflexiven Verb *lavarse* und – als Muster für unregelmäßige Betonung des *Pretérito indefinido* – bei dem Verb *estar* optisch hervorgehoben.

Den Bedürfnissen des Anfängers wurde auch dadurch Rechnung getragen, daß die Tabellen, auch die der regelmäßigen Verben, jeweils durch Listen wichtiger Verben ergänzt wurden. Bei den Gruppenverben und der Angabe von Komposita der unregelmäßigen Verben wurde eine vernünftige, praktische Auswahl der Vollständigkeit vorgezogen. Bei der deutschen Übersetzung der in die Listen aufgenommenen Verben wurde versucht, bei aller Knappheit die wichtigsten Bedeutungen anzugeben.

Da nicht alle Lehrbücher Bedeutung und Verwendung der Zeiten und Modi des Verbs zuverlässig darstellen, wurde eine nicht zu knappe Übersicht über dieses vielleicht wichtigste Kapitel der spanischen Grammatik aufgenommen.

Wolfgang Halm

INHALT

HABER

Infinitivo	**Gerundio**	**Participio**
hab-er	hab-iendo	hab-ido

INDICATIVO	SUBJUNTIVO

Presente	**Presente**
he	haya (!)
has	hayas
ha (hay)	haya
hemos	hayamos
habéis	hayáis
han	hayan

Pretérito imperfecto	**Pretérito imperfecto I**
hab-ía	hubie-se
hab-ías	hubie-ses
hab-ía	hubie-se
hab-íamos	hubié-semos
hab-íais	hubie-seis
hab-ían	hubie-sen

Pretérito indefinido	**Pretérito imperfecto II**
hub-e	hubie-ra
hub-iste	hubie-ras
hub-o	hubie-ra
hub-imos	hubié-ramos
hub-isteis	hubie-rais
hub-ieron	hubie-ran

Futuro imperfecto	IMPERATIVO
habr-é	**Imperativo afirmativo**
habr-ás	(Praktisch ohne Bedeutung)
habr-á	he (tú)
habr-emos	haya (Vd.)
habr-éis	hayamos (nosotros)
habr-án	habed (vosotros)
Potencial simple	hayan (Vds.)
habr-ía	**Imperativo negativo**
habr-ías	no hayas
habr-ía	no haya
habr-íamos	no hayamos
habr-íais	no hayáis
habr-ían	no hayan

HAY (HABER)

Infinitivo	Gerundio	Participio
haber	habiendo	habido

INDICATIVO

Presente
hay

Pretérito imperfecto
había

Pretérito indefinido
hubo

Futuro imperfecto
habrá

Potencial simple
habría

SUBJUNTIVO

Presente
haya

Pretérito imperfecto I
hubiese

Pretérito imperfecto II
hubiera

IMPERATIVO

Imperativo afirmativo
haya

Imperativo negativo
no haya

Formas compuestas

Infinitivo	Gerundio
haber habido	habiendo habido

INDICATIVO

Pretérito perfecto
ha habido

Pretérito pluscuamperfecto
había habido

Pretérito anterior
hubo habido

Futuro perfecto
habrá habido

Potencial compuesto
habría habido

SUBJUNTIVO

Pretérito perfecto
haya habido

Pretérito pluscuamperfecto I
hubiese habido

Pretérito pluscuamperfecto II
hubiera habido

SER

Infinitivo	Gerundio	Participio
s-er	s-iendo	s-ido

INDICATIVO	SUBJUNTIVO
Presente	**Presente**
soy	se-a (!)
eres	se-as
es	se-a
somos	se-amos
sois	se-áis
son	se-an
Pretérito imperfecto	**Pretérito imperfecto I**
era	fue-se
eras	fue-ses
era	fue-se
éramos	fué-semos
erais	fue-seis
eran	fue-sen
Pretérito indefinido	**Pretérito imperfecto II**
fui	fue-ra
fuiste	fue-ras
fue	fue-ra
fuimos	fué-ramos
fuisteis	fue-rais
fueron	fue-ran
Futuro imperfecto	IMPERATIVO
ser-é	**Imperativo afirmativo**
ser-ás	sé (tú)
ser-á	se-a (Vd.)
ser-emos	se-amos (nosotros)
ser-éis	s-ed (vosotros)
ser-án	se-an (Vds.)
Potencial simple	**Imperativo negativo**
ser-ía	
ser-ías	no seas
ser-ía	no sea
ser-íamos	no seamos
ser-íais	no seáis
ser-ían	no sean

SER Formas compuestas

Infinitivo
haber sido

Gerundio
habiendo sido

INDICATIVO

SUBJUNTIVO

Pretérito perfecto		Pretérito perfecto	
he	sido*	haya	sido
has	sido	hayas	sido
ha	sido	haya	sido
hemos	sido	hayamos	sido
habéis	sido	hayáis	sido
han	sido	hayan	sido

Pretérito pluscuamperfecto		Pretérito pluscuamperfecto I	
había	sido	hubiese	sido
habías	sido	hubieses	sido
había	sido	hubiese	sido
habíamos	sido	hubiésemos	sido
habíais	sido	hubieseis	sido
habían	sido	hubiesen	sido

Pretérito anterior		Pretérito pluscuamperfecto II	
hube	sido	hubiera	sido
hubiste	sido	hubieras	sido
hubo	sido	hubiera	sido
hubimos	sido	hubiéramos	sido
hubisteis	sido	hubierais	sido
hubieron	sido	hubieran	sido

Futuro perfecto

habré	sido
habrás	sido
habrá	sido
habremos	sido
habréis	sido
habrán	sido

Potencial compuesto

habría	sido
habrías	sido
habría	sido
habríamos	sido
habríais	sido
habrían	sido

* Besondere Betonung des Hilfszeitworts haber beim Einüben vermeiden!

INVITAR   Formas simples

Infinitivo	Gerundio	Participio
invit-ar	invit-ando	invit-ado

INDICATIVO

SUBJUNTIVO

Presente	Presente
invit-o	invit-e
invit-as	invit-es
invit-a	invit-e
invit-amos	invit-emos
invit-áis	invit-éis
invit-an	invit-en

Pretérito imperfecto	Pretérito imperfecto I
invit-aba	invita-se
invit-abas	invita-ses
invit-aba	invita-se
invit-ábamos	invitá-semos
invit-abais	invita-seis
invit-aban	invita-sen

Pretérito indefinido	Pretérito imperfecto II
invit-é	invita-ra
invit-aste	invita-ras
invit-ó	invita-ra
invit-amos	invitá-ramos
invit-asteis	invita-rais
invit-aron	invita-ran

Futuro imperfecto	IMPERATIVO
	Imperativo afirmativo
invitar-é	
invitar-ás	invit-a (tú)
invitar-á	invit-e (Vd.)
invitar-emos	invit-emos (nosotros)
invitar-éis	invit-ad (vosotros)
invitar-án	invit-en (Vds.)

Potencial simple	
	Imperativo negativo
invitar-ía	
invitar-ías	no invit-es
invitar-ía	no invit-e
invitar-íamos	no invit-emos
invitar-íais	no invit-éis
invitar-ían	no invit-en

INVITAR Formas compuestas

Infinitivo	**Gerundio**
haber invitado	habiendo invitado

INDICATIVO

Pretérito perfecto

he	invitado*
has	invitado
ha	invitado
hemos	invitado
habéis	invitado
han	invitado

Pretérito pluscuamperfecto

había	invitado
habías	invitado
había	invitado
habíamos	invitado
habíais	invitado
habían	invitado

Pretérito anterior

hube	invitado
hubiste	invitado
hubo	invitado
hubimos	invitado
hubisteis	invitado
hubieron	invitado

Futuro perfecto

habré	invitado
habrás	invitado
habrá	invitado
habremos	invitado
habréis	invitado
habrán	invitado

Potencial compuesto

habría	invitado
habrías	invitado
habría	invitado
habríamos	invitado
habríais	invitado
habrían	invitado

SUBJUNTIVO

Pretérito perfecto

haya	invitado
hayas	invitado
haya	invitado
hayamos	invitado
hayáis	invitado
hayan	invitado

Pretérito pluscuamperfecto I

hubiese	invitado
hubieses	invitado
hubiese	invitado
hubiésemos	invitado
hubieseis	invitado
hubiesen	invitado

Pretérito pluscuamperfecto II

hubiera	invitado
hubieras	invitado
hubiera	invitado
hubiéramos	invitado
hubierais	invitado
hubieran	invitado

Passiv s. Seite 13
ser invitado, -a   eingeladen werden

Zustandspassiv
estar invitado, -a   eingeladen sein

* Besondere Betonung des Hilfszeitworts beim Einüben vermeiden!

INVITAR   Formas simples   VOZ PASIVA
   Infinitivo   **Gerundio**
   ser invitado, -a   siendo invitado, -a

      INDICATIVO   SUBJUNTIVO

Presente		**Presente**	
soy	invitado	sea	invitado
eres	invitado	seas	invitado
es	invitado	sea	invitado
somos	invitados	seamos	invitados
sois	invitados	seáis	invitados
son	invitados	sean	invitados

Pretérito imperfecto		**Pretérito imperfecto I**	
era	invitado	fuese	invitado
eras	invitado	fueses	invitado
era	invitado	fuese	invitado
éramos	invitados	fuésemos	invitados
erais	invitados	fueseis	invitados
eran	invitados	fuesen	invitados

Pretérito indefinido		**Pretérito imperfecto II**	
fui	invitado	fuera	invitado
fuiste	invitado	fueras	invitado
fue	invitado	fuera	invitado
fuimos	invitados	fuéramos	invitados
fuisteis	invitados	fuerais	invitados
fueron	invitados	fueran	invitados

Futuro imperfecto		IMPERATIVO	
		Imperativo afirmativo	
seré	invitado		
serás	invitado	sé	invitado
será	invitado	sea	invitado
seremos	invitados	seamos	invitados
seréis	invitados	sed	invitados
serán	invitados	sean	invitados

Potencial simple			
		Imperativo negativo	
sería	invitado		
serías	invitado	no seas	invitado
sería	invitado	no sea	invitado
seríamos	invitados	no seamos	invitados
seríais	invitados	no seáis	invitados
serían	invitados	no sean	invitados

INVITAR   Formas compuestas   VOZ PASIVA
Infinitivo   **Gerundio**
haber sido invitado, -a   habiendo sido invitado, -a

       INDICATIVO   SUBJUNTIVO

Pretérito perfecto		**Pretérito perfecto**	
he	sido invitado	haya	sido invitado
has	sido invitado	hayas	sido invitado
ha	sido invitado	haya	sido invitado
hemos	sido invitados	hayamos	sido invitados
habéis	sido invitados	hayáis	sido invitados
han	sido invitados	hayan	sido invitados

Pretérito pluscuamperfecto		**Pretérito pluscuamperfecto I**	
había	sido invitado	hubiese	sido invitado
habías	sido invitado	hubieses	sido invitado
había	sido invitado	hubiese	sido invitado
habíamos	sido invitados	hubiésemos	sido invitados
habíais	sido invitados	hubieseis	sido invitados
habían	sido invitados	hubiesen	sido invitados

Pretérito anterior		**Pretérito pluscuamperfecto II**	
hube	sido invitado	hubiera	sido invitado
hubiste	sido invitado	hubieras	sido invitado
hubo	sido invitado	hubiera	sido invitado
hubimos	sido invitados	hubiéramos	sido invitados
hubisteis	sido invitados	hubierais	sido invitados
hubieron	sido invitados	hubieran	sido invitados

Futuro perfecto	
habré	sido invitado
habrás	sido invitado
habrá	sido invitado
habremos	sido invitados
habréis	sido invitados
habrán	sido invitados

Potencial compuesto	
habría	sido invitado
habrías	sido invitado
habría	sido invitado
habríamos	sido invitados
habríais	sido invitados
habrían	sido invitados

LAVARSE Formas simples

Infinitivo	Gerundio	Participio
lavarse	lavándose	(lavado)

INDICATIVO

SUBJUNTIVO

Presente	**Presente**
me lavo	me lave
te lavas	te laves
se lava	se lave
nos lavamos	nos lavemos
os laváis	os lavéis
se lavan	se laven
Pretérito imperfecto	**Pretérito imperfecto I**
me lavaba	me lavase
te lavabas	te lavases
se lavaba	se lavase
nos lavábamos	nos lavásemos
os lavabais	os lavaseis
se lavaban	se lavasen
Pretérito indefinido	**Pretérito imperfecto II**
me lavé	me lavara
te lavaste	te lavaras
se lavó	se lavara
nos lavamos	nos laváramos
os lavasteis	os lavarais
se lavaron	se lavaran

Futuro imperfecto	IMPERATIVO
me lavaré	**Imperativo afirmativo**
te lavarás	lávate (tú)
se lavará	lávese (Vd.)
nos lavaremos	lavémonos (nosotros)
os lavaréis	lavaos (vosotros)
se lavarán	lávense (Vds.)
Potencial simple	
me lavaría	**Imperativo negativo**
te lavarías	no te laves (tú)
se lavaría	no se lave (Vd.)
nos lavaríamos	no nos lavemos (nosotros)
os lavaríais	no os lavéis (vosotros)
se lavarían	no se laven (Vds.)

LAVARSE Formas compuestas

Infinitivo
haberse lavado

Gerundio
habiéndose lavado

INDICATIVO

SUBJUNTIVO

Pretérito perfecto			**Pretérito perfecto**		
me	he	lavado	me	haya	lavado
te	has	lavado	te	hayas	lavado
se	ha	lavado	se	haya	lavado
nos	hemos	lavado	nos	hayamos	lavado
os	habéis	lavado	os	hayáis	lavado
se	han	lavado	se	hayan	lavado

Pretérito pluscuamperfecto			**Pretérito pluscuamperfecto I**		
me	había	lavado	me	hubiese	lavado
te	habías	lavado	te	hubieses	lavado
se	había	lavado	se	hubiese	lavado
nos	habíamos	lavado	nos	hubiésemos	lavado
os	habíais	lavado	os	hubieseis	lavado
se	habían	lavado	se	hubiesen	lavado

Pretérito anterior			**Pretérito pluscuamperfecto II**		
me	hube	lavado	me	hubiera	lavado
te	hubiste	lavado	te	hubieras	lavado
se	hubo	lavado	se	hubiera	lavado
nos	hubimos	lavado	nos	hubiéramos	lavado
os	hubisteis	lavado	os	hubierais	lavado
se	hubieron	lavado	se	hubieran	lavado

Futuro perfecto			**Passiv:**
me	habré	lavado	wird von echten reflexiven Verben
te	habrás	lavado	(die nur reflexiv gebraucht werden)
se	habrá	lavado	nicht gebildet.
nos	habremos	lavado	Passiv von lavar vgl. Passiv von in-
os	habréis	lavado	vitar, Seite 13/14.
se	habrán	lavado	Zustandspassiv:

Potencial compuesto

estar lavado, -a

me	habría	lavado
te	habrías	lavado
se	habría	lavado
nos	habríamos	lavado
os	habríais	lavado
se	habrían	lavado

METER   Formas simples

Infinitivo	Gerundio	Participio
met-er	met-iendo	met-ido

INDICATIVO	SUBJUNTIVO

Presente	**Presente**
met-o	met-a
met-es	met-as
met-e	met-a
met-emos	met-amos
met-éis	met-áis
met-en	met-an

Pretérito imperfecto	**Pretérito imperfecto I**
met-ía	metie-se
met-ías	metie-ses
met-ía	metie-se
met-íamos	metié-semos
met-íais	metie-seis
met-ían	metie-sen

Pretérito indefinido	**Pretérito imperfecto II**
met-í	metie-ra
met-iste	metie-ras
met-ió	metie-ra
met-imos	metié-ramos
met-isteis	metie-rais
met-ieron	metie-ran

Futuro imperfecto	IMPERATIVO
meter-é	**afirmativo**
meter-ás	met-e (tú)
meter-á	met-a (Vd.)
meter-emos	met-amos (nosotros)
meter-éis	met-ed (vosotros)
meter-án	met-an (Vds.)

Potencial simple	
meter-ía	**Imperativo negativo**
meter-ías	no met-as
meter-ía	no met-a
meter-íamos	no met-amos
meter-íais	no met-áis
meter-ían	no met-an

METER   Formas compuestas

Infinitivo
haber metido

Gerundio
habiendo metido

INDICATIVO   SUBJUNTIVO

Pretérito perfecto		**Pretérito perfecto**	
he	metido	haya	metido
has	metido	hayas	metido
ha	metido	haya	metido
hemos	metido	hayamos	metido
habéis	metido	hayáis	metido
han	metido	hayan	metido

Pretérito pluscuamperfecto		**Pretérito pluscuamperfecto I**	
había	metido	hubiese	metido
habías	metido	hubieses	metido
había	metido	hubiese	metido
habíamos	metido	hubiésemos	metido
habíais	metido	hubieseis	metido
habían	metido	hubiesen	metido

Pretérito anterior		**Pretérito pluscuamperfecto II**	
hube	metido	hubiera	metido
hubiste	metido	hubieras	metido
hubo	metido	hubiera	metido
hubimos	metido	hubiéramos	metido
hubisteis	metido	hubierais	metido
hubieron	metido	hubieran	metido

Futuro perfecto

habré	metido
habrás	metido
habrá	metido
habremos	metido
habréis	metido
habrán	metido

Passiv s. Seite 19
ser metido, -a   hineingesteckt
werden

Zustandspassiv
estar metido, -a   hineingesteckt
sein

Potencial compuesto

habría	metido
habrías	metido
habría	metido
habríamos	metido
habríais	metido
habrían	metido

Verlaufsform
estar metiendo   gerade herein-
stecken

METER   Formas simples

Infinitivo
ser metido, -a

Gerundio
siendo metido, -a

INDICATIVO

SUBJUNTIVO

Presente		Presente	
soy	metido	sea	metido
eres	metido	seas	metido
es	metido	sea	metido
somos	metidos	seamos	metidos
sois	metidos	seáis	metidos
son	metidos	sean	metidos

Pretérito imperfecto		Pretérito imperfecto I	
era	metido	fuese	metido
eras	metido	fueses	metido
era	metido	fuese	metido
éramos	metidos	fuésemos	metidos
erais	metidos	fueseis	metidos
eran	metidos	fuesen	metidos

Pretérito indefinido		Pretérito imperfecto II	
fui	metido	fuera	metido
fuiste	metido	fueras	metido
fue	metido	fuera	metido
fuimos	metidos	fuéramos	metidos
fuisteis	metidos	fuerais	metidos
fueron	metidos	fueran	metidos

Futuro imperfecto		IMPERATIVO	
seré	metido	**Imperativo afirmativo**	
serás	metido	sé	metido
será	metido	sea	metido
seremos	metidos	seamos	metidos
seréis	metidos	sed	metidos
serán	metidos	sean	metidos

Potencial simple			
sería	metido	**Imperativo negativo**	
serías	metido	no seas	metido
sería	metido	no sea	metido
seríamos	metidos	no seamos	metidos
seríais	metidos	no seáis	metidos
serían	metidos	no sean	metidos

METER Formas compuestas

Infinitivo
haber sido metido, -a

INDICATIVO

VOZ PASIVA

Gerundio
habiendo sido metido, -a

SUBJUNTIVO

Pretérito perfecto		**Pretérito perfecto**	
he	sido metido	haya	sido metido
has	sido metido	hayas	sido metido
ha	sido metido	haya	sido metido
hemos	sido metidos	hayamos	sido metidos
habéis	sido metidos	hayáis	sido metidos
han	sido metidos	hayan	sido metidos

Pretérito pluscuamperfecto		**Pretérito pluscuamperfecto I**	
había	sido metido	hubiese	sido metido
habías	sido metido	hubieses	sido metido
había	sido metido	hubiese	sido metido
habíamos	sido metidos	hubiésemos	sido metidos
habíais	sido metidos	hubieseis	sido metidos
habían	sido metidos	hubiesen	sido metidos

Pretérito anterior		**Pretérito pluscuamperfecto II**	
hube	sido metido	hubiera	sido metido
hubiste	sido metido	hubieras	sido metido
hubo	sido metido	hubiera	sido metido
hubimos	sido metidos	hubiéramos	sido metidos
hubisteis	sido metidos	hubierais	sido metidos
hubieron	sido metidos	hubieran	sido metidos

Futuro perfecto	
habré	sido metido
habrás	sido metido
habrá	sido metido
habremos	sido metidos
habréis	sido metidos
habrán	sido metidos

Potencial compuesto	
habría	sido metido
habrías	sido metido
habría	sido metido
habríamos	sido metidos
habríais	sido metidos
habrían	sido metidos

RECIBIR   Formas simples

Infinitivo	**Gerundio**	**Participio**
recib-ir	recib-iendo	recib-ido

INDICATIVO	SUBJUNTIVO
Presente	**Presente**
recib-o	recib-a
recib-es	recib-as
recib-e	recib-a
recib-imos	recib-amos
recib-ís	recib-áis
recib-en	recib-an
Pretérito imperfecto	**Pretérito imperfecto I**
recib-ía	recibie-se
recib-ías	recibie-ses
recib-ía	recibie-se
recib-íamos	recibié-semos
recib-íais	recibie-seis
recib-ían	recibie-sen
Pretérito indefinido	**Pretérito imperfeto II**
recib-í	recibie-ra
recib-iste	recibie-ras
recib-ió	recibie-ra
recib-imos	recibié-ramos
recib-isteis	recibie-rais
recib-ieron	recibie-ran
Futuro imperfecto	IMPERATIVO
recibir-é	**Imperativo afirmativo**
recibir-ás	recib-e (tú)
recibir-á	recib-a (Vd.)
recibir-emos	recib-amos (nosotros)
recibir-éis	recib-id (vosotros)
recibir-án	recib-an (Vds.)
Potencial simple	
recibir-ía	**Imperativo negativo**
recibir-ías	no recib-as
recibir-ía	no recib-a
recibir-íamos	no recib-amos
recibir-íais	no recib-áis
recibir-ían	no recib-an

RECIBIR   Formas compuestas

Infinitivo
haber recibido

Gerundio
habiendo recibido

INDICATIVO

SUBJUNTIVO

Pretérito perfecto		Pretérito perfecto	
he	recibido	haya	recibido
has	recibido	hayas	recibido
ha	recibido	haya	recibido
hemos	recibido	hayamos	recibido
habéis	recibido	hayáis	recibido
han	recibido	hayan	recibido

Pretérito pluscuamperfecto		Pretérito pluscuamperfecto I	
había	recibido	hubiese	recibido
habías	recibido	hubieses	recibido
había	recibido	hubiese	recibido
habíamos	recibido	hubiésemos	recibido
habíais	recibido	hubieseis	recibido
habían	recibido	hubiesen	recibido

Pretérito anterior		Pretérito pluscuamperfecto II	
hube	recibido	hubiera	recibido
hubiste	recibido	hubieras	recibido
hubo	recibido	hubiera	recibido
hubimos	recibido	hubiéramos	recibido
hubisteis	recibido	hubierais	recibido
hubieron	recibido	hubieran	recibido

Futuro perfecto		
habré	recibido	
habrás	recibido	Passiv s. Seite 23
habrá	recibido	ser recibido, -a empfangen werden
habremos	recibido	Zustandspassiv
habréis	recibido	estar recibido, -a empfangen sein
habrán	recibido	Verlaufsform
Potencial compuesto		estar recibiendo gerade empfangen
habría	recibido	
habrías	recibido	
habría	recibido	
habríamos	recibido	
habríais	recibido	
habrían	recibido	

RECIBIR Formas simples

Infinitivo
ser recibido, -a

VOZ PASIVA

Gerundio
siendo recibido, -a

INDICATIVO

SUBJUNTIVO

Presente		Presente	
soy	recibido	sea	recibido
eres	recibido	seas	recibido
es	recibido	sea	recibido
somos	recibidos	seamos	recibido
sois	recibidos	seáis	recibidos
son	recibidos	sean	recibidos

Pretérito imperfecto		Pretérito imperfecto I	
era	recibido	fuese	recibido
eras	recibido	fueses	recibido
era	recibido	fuese	recibidos
éramos	recibidos	fuésemos	recibidos
erais	recibidos	fueseis	recibidos
eran	recibidos	fuesen	recibidos

Pretérito indefinido		Pretérito imperfecto II	
fui	recibido	fuera	recibido
fuiste	recibido	fueras	recibido
fue	recibido	fuera	recibido
fuimos	recibidos	fuéramos	recibidos
fuisteis	recibidos	fuerais	recibidos
fueron	recibidos	fueran	recibidos

Futuro imperfecto		IMPERATIVO	
seré	recibido	**Imperativo afirmativo**	
serás	recibido	sé	recibido
será	recibido	sea	recibido
seremos	recibidos	seamos	recibidos
seréis	recibidos	sed	recibidos
serán	recibidos	sean	recibidos

Potencial simple			
sería	recibido	**Imperativo negativo**	
serías	recibido	no seas	recibido
sería	recibido	no sea	recibido
seríamos	recibidos	no seamos	recibidos
seríais	recibidos	no seáis	recibidos
serían	recibidos	no sean	recibidos

RECIBIR   Formas compuestas   VOZ PASIVA
   Infinitivo   **Gerundio**
   haber sido recibibo, -a   habiendo sido recibido, -a

   INDICATIVO   SUBJUNTIVO

Pretérito perfecto		**Pretérito perfecto**	
he	sido recibido	haya	sido recibido
has	sido recibido	hayas	sido recibido
ha	sido recibido	haya	sido recibido
hemos	sido recibidos	hayamos	sido recibidos
habéis	sido recibidos	hayáis	sido recibidos
han	sido recibidos	hayan	sido recibidos
Pretérito pluscuamperfecto		**Pretérito pluscuamperfecto I**	
había	sido recibido	hubiese	sido recibido
habías	sido recibido	hubieses	sido recibido
había	sido recibido	hubiese	sido recibido
habíamos	sido recibidos	hubiésemos	sido recibidos
habíais	sido recibidos	hubieseis	sido recibidos
habían	sido recibidos	hubiesen	sido recibidos
Pretérito anterior		**Pretérito pluscuamperfecto II**	
hube	sido recibido	hubiera	sido recibido
hubiste	sido recibido	hubieras	sido recibido
hubo	sido recibido	hubiera	sido recibido
hubimos	sido recibidos	hubiéramos	sido recibidos
hubisteis	sido recibidos	hubierais	sido recibidos
hubieron	sido recibidos	hubieran	sido recibidos
Futuro perfecto			
habré	sido recibido		
habrás	sido recibido		
habrá	sido recibido		
habremos	sido recibidos		
habréis	sido recibidos		
habrán	sido recibidos		
Potencial compuesto			
habría	sido recibido		
habrías	sido recibido		
habría	sido recibido		
habríamos	sido recibidos		
habríais	sido recibidos		
habrían	sido recibidos		

Regelmäßige Verben auf -ar

abandonar	verlassen	comunicar	verbinden
abusar de	mißbrauchen	confirmar	bestätigen
acabar	beenden	contestar	antworten
aceptar	annehmen	cortar	schneiden
acortar	verkürzen	charlar	s. unterhalten
acostumbrarse a	s. gewöhnen an	chocar	anstoßen
adelantar	beschleunigen, vorrücken		
admirar	bewundern	dejar	lassen
afeitarse	s. rasieren	desayunar	frühstücken
afirmar	behaupten	desesperarse	verzweifeln
agradar	gefallen	despegar	starten (Flugzeug)
aguantar	ertragen	dibujar	zeichnen
ahorrar	sparen	doblar	verdoppeln; abbiegen; synchronisieren (Film)
alargar	verlängern		
alquilar	mieten, vermieten	dudar	zweifeln
alternar	abwechseln		
anotar	notieren		
apagar	auslöschen	echar de menos	vermissen
aparcar	parken	elaborar	ausarbeiten
apoyar	(unter)stützen	empaquetar	verpacken
aprovechar	ausnützen	empujar	drücken
arreglar	reparieren; in Ordnung bringen	engañar	betrügen; täuschen
		enojar(se)	(s.) ärgern
atacar	angreifen	enseñar	lehren, zeigen
aterrizar	landen	enterarse de	erfahren
avanzar	vorrücken	entrar en	eintreten in
ayudar	helfen	escuchar	zuhören
		esperar	hoffen; warten
bailar	tanzen	estropear	zerstören
bajar	hinuntergehen, -bringen	evitar	vermeiden
		examinar	prüfen
bañar(se)	baden	exclamar	ausrufen
buscar	suchen	explicar	erklären
caminar	wandern, gehen	fabricar	herstellen
cansar	ermüden	faltar	fehlen
cansarse	müde werden	fastidiar	ärgern
cantar	singen	felicitar (por)	beglückwünschen
causar	verursachen	fijar	fest machen
cenar	zu Abend essen	fijarse en	achten auf
citarse	s. verabreden	firmar	unterschreiben
callarse	schweigen	fracasar	scheitern
comprar	kaufen		

Regelmäßige Verben auf -ar (Fortsetzung)

garantizar	garantieren	obligar	verpflichten
gastar	ausgeben	observar	beobachten
gritar	schreien	olvidar	vergessen
guardar	aufbewahren	ordenar	ordnen; anordnen
gustar	gefallen	organizar	organisieren, veranstalten
hablar	sprechen	orientarse	s. orientieren
hallar	finden		
hallarse	s. befinden		
		pagar	zahlen
imaginarse	s. vorstellen	pasar	vorübergehen
informarse de	s. erkundigen	pasearse	spazierengehen
intentar	versuchen	pegar	kleben
interpretar	(Musikstück) spielen	peinar	kämmen, frisieren
		perjudicar	schaden
invitar	einladen	pesar	wiegen; abwiegen
		pescar	fischen
		pintar	malen
jurar	schwören	pintarse	s. schminken
justificar	rechtfertigen	planchar	bügeln
juzgar	(be)urteilen	planear	planen
		plantear	(e-e Frage) aufwerfen
lanzar	werfen		
lanzarse	s. stürzen auf	practicar	ausüben
lavar	waschen	preguntar	fragen
levantar	aufheben, heben	preparar	vorbereiten
levantarse	aufstehen	presentar	vorstellen
limpiar	putzen, säubern	protestar	protestieren
lograr	erlangen	proyectar	planen
		publicar	veröffentlichen
llamar	rufen		
llamarse	heißen	quedar	übrig sein
llegar	ankommen	quedarse	bleiben
llenar	füllen	quitar	wegnehmen
llevar	tragen	quemar	verbrennen
llevarse	mitnehmen		
llorar	weinen		
		rechazar	ablehnen
mandar	schicken	reparar	reparieren
marcharse	weggehen	representar	(Theater) aufführen
mezclar	mischen	resultar	s. ergeben, s. herausstellen
mirar	anschauen		
		retirarse	s. zurückziehen
nadar	schwimmen	robar	stehlen
notar	bemerken		

Regelmäßige Verben auf -ar (Fortsetzung)

sacar	herausholen	tranquilizar	beruhigen
saltar	springen	tratar	behandeln
saludar	grüßen	tratar de	versuchen zu
secar	trocknen		
solicitar	beantragen		
sumar	addieren	usar	gebrauchen
suspirar	seufzen	utilizar	benützen, verwenden
terminar	beenden; enden		
tirar	ziehen; schießen		
tocar	berühren	viajar	reisen
tomar	nehmen	visitar	besuchen; besichtigen
trabajar	arbeiten		

Regelmäßige Verben auf -er

acoger	aufnehmen	meter	hineinstecken
aprender a	lernen zu	meterse en	s. einmischen
beber	trinken	ofender	beleidigen
		prender	packen, ergreifen
coger	fassen	prometer	versprechen
comer	essen		
comprender	verstehen		
comprometerse a	s. verpflichten zu	recorrer	durchfahren
conceder	bewilligen	responder	erwidern, antworten
convencer	überzeugen		
correr	laufen, schnell fahren	romper (Part. unregelmäßig)	brechen; zerbrechen; zerreißen
coser	nähen		
		sorprender	überraschen
		suceder	vorkommen, der Fall sein
deber	sollen, schulden		
		temer	fürchten
esconder	verstecken		
leer	lesen	vender	verkaufen

Regelmäßige Verben auf -ir

aburrirse	s. langweilen	ocurrir	geschehen
acudir	herbeieilen		
añadir	hinzufügen		
aplaudir	applaudieren	partir	abreisen, abfahren
		permitir	erlauben
		prohibir	verbieten
compartir	mit jmd. teilen		
cubrir (Part. un-regelmäßig)	bedecken	recibir	erhalten
cumplir	erfüllen	remitir	zuschicken, senden
		repartir	austeilen
		resistir	widerstehen, aus-halten
decidir	entscheiden		
describir (Part. unregelmäßig)	beschreiben	reunir	versammeln
descubrir (Part. unregelmäßig)	entdecken		
		subir	hinaufgehen, -bringen
distinguir	unterscheiden		
dividir	teilen	sufrir	leiden
		suprimir	unterdrücken, beseitigen
escribir (Part. unregelmäßig)	schreiben		
exigir	verlangen, fordern	unir	verbinden, vereinigen
fingir	so tun als ob		
		vivir	leben
interrumpir	unterbrechen		

ENVIAR

In den stammbetonten Formen bildet das Stamm-i keinen Diphthong mit dem Endungsvokal, sondern wird als Stammvokal betont: Akzent. Diese im Grund völlig regelmäßige Bildung gilt nicht für alle Verben auf -iar; vgl. cambiar S. 31

Infinitivo	Gerundio	Participio
enviar	enviando	enviado

INDICATIVO	SUBJUNTIVO
Presente	**Presente**
enví-o	enví-e
enví-as	enví-es
enví-a	enví-e
envi‿amos	envi‿emos
envi‿áis	envi‿éis
enví-an	enví-en

IMPERATIVO

afirmativo		negativo
enví-a	(tú)	no enví-es
enví-e	(Vd.)	no enví-e
envi‿emos	(nosotros)	no envi‿emos
envi‿ad	(vosotros)	no envi‿éis
enví-en	(Vds.)	no enví-en

Ebenso u.a.:

aliarse con	s. verbünden mit	espiar	spionieren
amnistiar	amnestieren	expiar	sühnen, büßen
ampliar	erweitern	fiar	bürgen; leihen
ataviar(se)	(s.) schmücken	no fiarse de	mißtrauen
averiar	beschädigen	guiar	leiten
confiar	(an)vertrauen	liar	binden; (Zigarrette)
criar	züchten		drehen
chirriar	kreischen,	miar	miauen
	knarren	resfriarse	s. erkälten
desafiar	herausfordern	rociar	tauen, rieseln;
desconfiar de	mißtrauen		benetzen
desviar	ablenken, umleiten	telegrafiar	telegraphieren
desviarse	verlorengehen	vaciar	leeren
enfriar	abkühlen	variar	ändern; variieren;
enviar	schicken		sich ändern;
estriar	riefeln		schwanken

CAMBIAR

In den stammbetonten Formen wird das eigentlich zum Stamm gehörende i nicht als Stammvokal betont, sondern bildet wie in allen anderen Formen einen Diphthong mit dem Endungsvokal.

Infinitivo	**Gerundio**	**Participio**
cambiar	cambiando	cambiado

INDICATIVO

SUBJUNTIVO

Presente	**Presente**
cambi‿o	cambi‿e
cambi‿as	cambi‿es
cambi‿a	cambi‿e
cambi‿amos	cambi‿emos
cambi‿áis	cambi‿éis
cambi‿an	cambi‿en

IMPERATIVO

afirmativo		**negativo**
cambi‿a	(tú)	no cambi‿es
cambi‿e	(Vd.)	no cambi‿e
cambi‿emos	(nosotros)	no cambi‿emos
cambi‿ad	(vosotros)	no cambi‿éis
cambi‿en	(Vds.)	no cambi‿en

Ebenso u. a.:

abreviar	abkürzen	diferenciar	unterscheiden
acariciar	streicheln	elogiar	rühmen
ajusticiar	hinrichten	enjuiciar	untersuchen; vor
aliviar	lindern		Gericht bringen
anunciar	ankündigen	ensuciar	beschmutzen
apreciar	schätzen	enunciar	nennen
apremiar	drängen, dringend	envidiar	beneiden
	sein	estudiar	lernen; studieren
apropiarse	s. aneignen	expropiar	enteignen
asediar	belagern	fastidiar	auf die Nerven
asfixiarse	ersticken		gehen
calumniar	verleumden	incendiar	in Brand stecken
cambiar	wechseln; ändern;	iniciar	beginnen
	s. ändern	limpiar	säubern
contagiar	anstecken	negociar	verhandeln
copiar	abschreiben;	obsequiar	beschenken
	kopieren	odiar	hassen
denunciar	anzeigen	premiar	prämiieren
despreciar	verachten	presagiar	vorhersagen

presenciar u. c.	zugegen sein bei	renunciar a	verzichten auf
pronunciar	aussprechen	repatriar	repatriieren
rabiar	wüten, rasen	testimoniar	bezeugen
radiar	strahlen; ausstrahlen	vanagloriarse	prahlen mit
reconciliarse	s. versöhnen	de	
refugiarse	Schutz suchen		

CONTINUAR

In den stammbetonten Formen bildet das Stamm-u keinen Diphthong mit dem Endungsvokal, sondern wird als Stammvokal betont: Akzent. Diese im Grund völlig regelmäßige Bildung gilt nicht für alle Verben auf -uar; vgl. evacuar S. 33

Infinitivo	**Gerundio**	**Participio**
continuar	continuando	continuado

INDICATIVO	SUBJUNTIVO
Presente	**Presente**
continú-o	continú-e
continú-as	continú-es
continú-a	continú-e
continu-amos	continu-emos
continu-áis	continu-éis
continú-an	continú-en

IMPERATIVO		
afirmativo		**negativo**
continú-a	(tú)	no continú-es
continú-e	(Vd.)	no continú-e
continu-emos	(nosotros)	no continu-emos
continu-ad	(vosotros)	no continu-éis
continú-en	(Vds.)	no continú-en

Ebenso u. a.:

acentuar	betonen; Akzent setzen	graduar	abstufen; mit einer Skala versehen
actuar	handeln	habituarse a	sich gewöhnen an
atenuar	mildern	insinuar	andeuten; indirekt beeinflussen
continuar	fortsetzen; andauern	perpetuar	verewigen; lang aufrechterhalten
deshabituar	abgewöhnen		
efectuar	ausführen	puntuar	interpunktieren
exceptuar	ausnehmen	valuar	(Wert) schätzen
extenuar	schwächen	situar	(an einen best. Ort) legen
fluctuar	schwanken		

EVACUAR

In den stammbetonten Formen wird das eigentlich zum Stamm gehörende u nicht als Stammvokal betont, sondern bildet wie in allen anderen Formen einen Diphthong mit dem Endungsvokal.

Infinitivo	**Gerundio**	**Participio**
evacuar	evacuando	evacuado

INDICATIVO	SUBJUNTIVO
Presente	**Presente**
evacu~o	evacu~e
evacu~as	evacu~es
evacu~a	evacu~e
evacu~amos	evacu~emos
evacu~áis	evacu~éis
evacu~an	evacu~en

IMPERATIVO

afirmativo		**negativo**
evacu~a	(tú)	no evacu~es
evacu~e	(Vd.)	no evacu~e
evacu~emos	(nosotros)	no evacu~emos
evacu~ad	(vosotros)	no evacu~éis
evacu~en	(Vds.)	no evacu~en

Ebenso u.a.:

evacuar*	räumen; entleeren	atestiguar	bezeugen
		averiguar	erforschen
aguar**	wässern; mit	desaguar	entwässern
	Wasser mischen	fraguar	schmieden
amortiguar	dämpfen, mildern		
apaciguar	beschwichtigen;		
	befrieden		

* wird auch mit Akzent konjugiert wie continuar S. 32
** Alle Verben auf -guar erfahren eine orthographische Veränderung: vgl. S. 73

PENSAR

Bei pensar und vielen Verben der a-Konjugation wird in den stammbetonten Formen der Stammvokal e in den Diphthong ie gespalten.

Infinitivo	Gerundio	Participio
pens-ar	pens-ando	pens-ado

INDICATIVO / SUBJUNTIVO

Presente	Presente
piens-o	piens-e
piens-as	piens-es
piens-a	piens-e
pens-amos	pens-emos
pens-áis	pens-éis
piens-an	piens-en

IMPERATIVO

afirmativo		negativo
piens-a	(tú)	no piens-es
piens-e	(Vd.)	no piens-e
pens-emos	(nosotros)	no pens-emos
pens-ad	(vosotros)	no pens-éis
piens-en	(Vds.)	no piens-en

Die wichtigsten Beispiele dieser Gruppe:

acertar	das Richtige treffen	manifestarse	zutage treten
apretar	drücken	negar	abschlagen; vernei-
atravesar	überqueren		nen; leugnen
calentar	wärmen; heizen	nevar	schneien
cerrar	schließen	pensar	denken
comenzar	beginnen	plegar	falten
empezar	beginnen	desplegar	entfalten
fregar	scheuern	recomendar	empfehlen
helar	gefrieren	sentar(se)	(sich) setzen
deshelar	tauen	temblar	zittern
manifestar	erklären	tropezar	stolpern; stoßen auf

Ebenso u.a.:

alentar	Mut machen	confesar	gestehen
desalentar	mutlos machen	desterrar	verbannen
arrendar	pachten; verpachten	empedrar	pflastern
cegar	blind machen	encerrar	einschließen
cimentar	Fundamente legen	enmendar	verbessern
concertar	vereinbaren;	enterrar	beerdigen; vergraben
	übereinstimmen	errar*	verfehlen; irren

* Orthographische Veränderung s. S. 73

escarmentar con	lernen aus (Schaden)	regar	begießen; bewässern
gobernar	regieren	remendar	flicken
mentar	erwähnen	segar	mähen
merendar	vespern	sembrar	säen
quebrar	brechen; bankrott gehen	serrar	sägen
		tentar	abtasten; versuchen

ENTENDER

Wie bei pensar (S. 34) wird bei einigen Verben der e-Konjugation in den stammbetonten Formen der Stammvokal e in den Diphthong ie gespalten.

Infinitivo	**Gerundio**	**Participio**
entend-er	entend-iendo	entend-ido

INDICATIVO   SUBJUNTIVO

Presente	**Presente**
entiend-o	entiend-a
entiend-es	entiend-as
entiend-e	entiend-a
entend-emos	entend-amos
entend-éis	entend-áis
entiend-en	entiend-an

IMPERATIVO

afirmativo		**negativo**
entiend-e	(tú)	no entiend-as
entiend-a	(Vd.)	no entiend-a
entend-amos	(nosotros)	no entend-amos
entend-ed	(vosotros)	no entend-áis
entiend-an	(Vds.)	no entiend-an

Ebenso u. a.:

ascender	aufsteigen	encender	anzünden
ascender a	sich belaufen auf	entender	verstehen
atender a	aufmerken auf; sich kümmern um	extender	ausbreiten
		hender	spalten; zerteilen
defender	verteidigen; vertreten	perder	verlieren
		sobrentenderse	sich von selbst verstehen
descender	absteigen, absinken;		
descender de	abstammen von	tender	ausbreiten; spannen
desentenderse	sich dumm stellen; s. nicht kümmern um	tender a	neigen zu
		verter	(aus)gießen

DISCERNIR aus Raumgründen S. 39
ADQUIRIR aus Raumgründen S. 40

CONTAR

Bei contar und vielen Verben der a-Konjugation wird in den stammbetonten Formen der Stammvokal o in den Diphthong ue gespalten.

Infinitivo	Gerundio	Participio
cont-ar	cont-ando	cont-ado

INDICATIVO	SUBJUNTIVO
Presente	**Presente**
cuent-o	cuent-e
cuent-as	cuent-es
cuent-a	cuent-e
cont-amos	cont-emos
cont-áis	cont-éis
cuent-an	cuent-en

IMPERATIVO

afirmativo		negativo
cuent-a	(tú)	no cuent-es
cuent-e	(Vd.)	no cuent-e
cont-emos	(nosotros)	no cont-emos
cont-ad	(vosotros)	no cont-éis
cuent-en	(Vds.)	no cuent-en

Die wichtigsten Beispiele dieser Gruppe:

acordar	vereinbaren	mostrar	zeigen
acordarse de	s. erinnern an	probar	versuchen
aprobar	billigen, (Examen)		(an)probieren
	bestehen		beweisen
comprobar	nachweisen	recordar	s. erinnern an
	feststellen		erinnern an
contar	zählen	rogar	bitten
	erzählen	soltar	loslassen
costar	kosten	sonar	klingen, läuten
demostrar	zeigen, beweisen	soñar	träumen
encontrar	finden	volar	fliegen;
encontrarse	sich befinden		in die Luft sprengen
	sich begegnen	volcar	umstürzen
esforzarse	s. bemühen		kippen
(en, por)	s. anstrengen		

Ebenso u.a.:

acostarse	s. ins Bett legen	apostar	wetten
almorzar	zu Mittag essen	avergonzarse	s. schämen

colgar	hängen	renovar	erneuern
concordar	übereinstimmen	resonar	tönen, hallen
consolar	trösten	rodar	rollen
descontar	abziehen		(Film) drehen
desolar	verwüsten	soldar	schweißen, löten
despoblar	entvölkern	tostar	rösten
forzar	zwingen	trocar	tauschen
reforzar	verstärken	tronar	donnern

MOVER

Bei verschiedenen Verben der e-Konjugation wird in den stammbetonten Formen der Stammvokal o in den Diphthong ue gespalten.

Infinitivo	**Gerundio**	**Participio**
mov-er	mov-iendo	mov-ido

INDICATIVO SUBJUNTIVO

Presente	**Presente**
muev-o	muev-a
muev-es	muev-as
muev-e	muev-a
mov-emos	mov-amos
mov-éis	mov-áis
muev-en	muev-an

IMPERATIVO

afirmativo		**negativo**
muev-e	(tú)	no muev-as
muev-a	(Vd.)	no muev-a
mov-amos	(nosotros)	no mov-amos
mov-ed	(vosotros)	no mov-áis
muev-an	(Vds.)	no muev-an

Die Verben dieser Gruppe:

cocer	kochen	morder	beißen
conmover	bewegen, erschüttern	mover	bewegen
		oler*	riechen, duften
doler	schmerzen	remover	entfernen
escocer	brennen (z.B. Wunde)		umrühren
		retorcer	verdrehen, verbiegen
llover	regnen	soler	zu tun pflegen
moler	mahlen	torcer	verdrehen, abbiegen

* Orthographische Veränderung s. S. 73

VOLVER

Die Verben volver und alle Zusammensetzungen mit -volver und -solver diphthongieren in den stammbetonten Formen o zu ue, wie die Gruppe mover. Außerdem haben diese Verben ein unregelmäßiges Partizip.

Infinitivo	Gerundio	Participio
volv-er	volv-iendo	vuelto
resolv-er	resolv-iendo	resuelto

	INDICATIVO	SUBJUNTIVO
	Presente	**Presente**
	s. mover	s. mover

IMPERATIVO	
afirmativo	**negativo**
s. mover	s. mover

Die Verben dieser Gruppe:

absolver	lossprechen	revolver	durcheinanderbringen
desenvolver	auswickeln		umrühren
devolver	zurückgeben	volver	wenden
envolver	einwickeln		zurückkommen
	einhüllen	volverse	s. umdrehen
disolver	auflösen	volverse (loco)	(verrückt) werden
resolver	lösen (Problem)		
	entscheiden;		
	beschließen		

JUGAR

Bei jugar wird in den stammbetonten Formen der Stammvokal u in den Diphthong ue gespalten. Orthographische Veränderungen S. 73

Infinitivo	Gerundio	Participio
jug-ar	jug-ando	jug-ado

	INDICATIVO	SUBJUNTIVO
	Presente	**Presente**
	jueg-o	juegue
	jueg-as	juegues
	jueg-a	juegue
	jug-amos	juguemos
	jug-áis	juguéis
	jueg-an	jueguen

```
                    IMPERATIVO
       afirmativo                    negativo
       jueg-a      (tú)              no juegues
       juegue      (Vd.)             no juegue
       juguemos    (nosotros)        no juguemos
       jug-ad      (vosotros)        no juguéis
       jueguen     (Vds.)            no jueguen
```

jugar   spielen (Spiele)

DISCERNIR

Wie bei pensar (S. 34) wird bei cernir und seinen Komposita in den stammbetonten Formen der Stammvokal e in den Diphthong ie gespalten.

Infinitivo	**Gerundio**	**Participio**
discern-ir	discern-iendo	discern-ido

        INDICATIVO   SUBJUNTIVO

```
       Presente                      Presente
       disciern-o                    disciern-a
       disciern-es                   disciern-as
       disciern-e                    disciern-a
       discern-imos                  discern-amos
       discern-ís                    discern-áis
       disciern-en                   disciern-an
```

```
                    IMPERATIVO
       afirmativo                    negativo
       disciern-e    (tú)            no disciern-as
       disciern-a    (Vd.)           no disciern-a
       discern-amos  (nosotros)      no discern-amos
       discern-id    (vosotros)      no discern-áis
       disciern-an   (Vds.)          no disciern-an
```

Ebenso:

cernir	sieben	concernir	betreffen
cernirse	drohen	discernir	unterscheiden, erkennen

ADQUIRIR

Bei adquirir und inquirir wird in den stammbetonten Formen der Stammvokal i
in den Diphthong ie gespalten.

Infinitivo	Gerundio	Participio
adquir-ir	adquir-iendo	adquir-ido

INDICATIVO	SUBJUNTIVO
Presente	**Presente**
adquier-o	adquier-a
adquier-es	adquier-as
adquier-e	adquier-a
adquir-imos	adquir-amos
adquir-ís	adquir-áis
adquier-en	adquier-an

IMPERATIVO		
afirmativo		**negativo**
adquier-e	(tú)	no adquier-as
adquier-a	(Vd.)	no adquier-a
adquir-amos	(nosotros)	no adquir-amos
adquir-id	(vosotros)	no adquir-áis
adquier-an	(Vds.)	no adquier-an

Einzige Beispiele:

adquirir	erwerben	inquirir	nachforschen

Vgl. aber querer, S. 62, und requerir, S. 45.

OFRECER

Bei den Verben auf -acer (ausgenommen hacer und Komposita),
bei den Verben auf -ecer (ausgenommen mecer),
bei den Verben auf -ocer (ausgenommen cocer und Komposita) und
bei den Verben auf -ucir
wird in der 1. Person Singular des Presente de Indicativo c zu zc.
Regelmäßige Ableitung des Presente de Subjuntivo und der daraus entnommenen
Imperative.

Infinitivo	Gerundio	Participio
ofrec-er	ofrec-iendo	ofrec-ido

INDICATIVO	SUBJUNTIVO
Presente	**Presente**
ofrezc-o	ofrezc-a
ofrec-es	ofrezc-as
ofrec-e	ofrezc-a
ofrec-emos	ofrezc-amos
ofrec-éis	ofrezc-áis
ofrec-en	ofrezc-an

IMPERATIVO

afirmativo		negativo
ofrec-e	(tú)	no ofrezc-as
ofrezc-a	(Vd.)	no ofrezc-a
ofrezc-amos	(nosotros)	no ofrezc-amos
ofrec-ed	(vosotros)	no ofrezc-áis
ofrezc-an	(Vds.)	no ofrezc-an

Die wichtigsten Verben dieser Gruppe:

nacer	geboren werden entstehen	entorpecer	erschweren, behindern
renacer	wiedererstehen	conocer	kennen
agradecer	danken		kennenlernen
amanecer	Tag werden	desconocer	nicht kennen
anochecer	Nacht werden	reconocer	anerkennen
aparecer	erscheinen		erkennen
apetecer	begehren, zusagen	entristecer	traurig machen
compadecer	bemitleiden	envejecer	alt werden
crecer	wachsen	establecer	errichten
desaparecer	verschwinden	establecerse	s. niederlassen
enriquecer(se)	(s.) bereichern	fallecer	sterben
enrojecer	rot werden	favorecer	begünstigen

florecer	blühen	pertenecer a	gehören
merecer	verdienen	restablecer	wiederherstellen
obedecer	gehorchen	lucir	leuchten
oscurecer	dunkel werden	relucir	schimmern, glänzen
ofrecer	anbieten		
padecer	leiden	Die mit -ducir gebildeten Komposita	
parecer	scheinen	s. Seite 52 bzw. 70	

Weitere Verben auf -ecer:

abastecer	versorgen	engrandecer	groß machen, gr. werden
aborrecer	verabscheuen		
adolecer de	kranken an	ennoblecer	adeln
comparecer	erscheinen	esclarecer	erhellen
complacer	gefällig sein	fortalecer	stärken
convalecer	gesunden	humedecer	befeuchten
embellecer	verschönern	perecer	umkommen
empobrecer	verarmen	permanecer	bleiben
encarecer	verteuern teurer werden	prevalecer	vorherrschen
		resplandecer	glänzen
endurecer	hart machen, h. werden		

PEDIR

In den stammbetonten Formen wird das Stamm-e zu i.

In den Formen, die ein silbenbildendes (nicht im Diphthong aufgehendes) i enthalten, bleibt Stammvokal e erhalten, in allen anderen Formen wird er zu i.

Die wichtigsten Verben dieser Gruppe:

conseguir	erlangen	pedir	verlangen
consigo (Inf.)	es gelingt mir . . .	perseguir	verfolgen
corregir	korrigieren	reir(se)	lachen
despedir(se)	(s.)verabschieden	repetir	wiederholen
despedir	entlassen	seguir	folgen
elegir	wählen	servir	dienen
expedir	verschicken	vestir(se)	(s.)kleiden
freir	braten, backen	rendir	erstatten, leisten
impedir	hindern, verhindern		ermüden
medir	messen	rendirse	s. ergeben

Weitere Verben dieser Gruppe:

competir	konkurrieren	reelegir	wiederwählen
concebir	begreifen, erdenken	regir	leiten, regieren
derretir	schmelzen	reñir	schelten
embestir	anfallen	revestir	auskleiden
gemir	seufzen	sonreir	lächeln
proseguir	fortfahren	teñir	färben

PEDIR

Infinitivo	**Gerundio**	**Participio**
ped-ir	pid-iendo	ped-ido

INDICATIVO	SUBJUNTIVO

Presente	**Presente**
pid-o	pid-a
pid-es	pid-as
pid-e	pid-a
ped-imos	pid-amos
ped-ís	pid-áis
pid-en	pid-an

Pretérito imperfecto	**Pretérito imperfecto I**
ped-ía	pidie-se
ped-ías	pidie-ses
ped-ía	pidie-se
ped-íamos	pidié-semos
ped-íais	pidie-seis
ped-ían	pidie-sen

Pretérito indefinido	**Pretérito imperfecto II**
ped-í	pidie-ra
ped-iste	pidie-ras
pid-ió	pidie-ra
ped-imos	pidié-ramos
ped-isteis	pidie-rais
pid-ieron	pidie-ran

Futuro imperfecto	IMPERATIVO
pedir-é	**Imperativo afirmativo**
pedir-ás	

Futuro imperfecto	Imperativo afirmativo	
pedir-é		
pedir-ás	pid-e	(tú)
pedir-á	pid-a	(Vd.)
pedir-emos	pid-amos	(nosotros)
pedir-éis	ped-id	(vosotros)
pedir-án	pid-an	(Vds.)

Potencial simple	**Imperativo negativo**
pedir-ía	no pid-as
pedir-ías	no pid-a
pedir-ía	no pid-amos
pedir-íamos	no pid-áis
pedir-íais	no pid-an
pedir-ían	

SENTIR

Infinitivo	**Gerundio**	**Participio**
sent-ir	sint-iendo	sent-ido

INDICATIVO	SUBJUNTIVO

Presente	**Presente**
sient-o	sient-a
sient-es	sient-as
sient-e	sient-a
sent-imos	sint-amos
sent-ís	sint-áis
sient-en	sient-an

Pretérito imperfecto	**Pretérito imperfecto I**
sent-ía	sintie-se
sent-ías	sintie-ses
sent-ía	sintie-se
sent-íamos	sintié-semos
sent-íais	sintie-seis
sent-ían	sintie-sen

Pretérito indefinido	**Pretérito imperfecto II**
sent-í	sintie-ra
sent-íste	sintie-ras
sint-ió	sintie-ra
sent-imos	sintié-ramos
sent-isteis	sintie-rais
sint-ieron	sintie-ran

Futuro imperfecto	IMPERATIVO
sentir-é	**Imperativo afirmativo**
sentir-ás	
sentir-á	sient-e (tú)
sentir-emos	sient-a (Vd.)
sentir-éis	sint-amos (nosotros)
sentir-án	sent-id (vosotros)
	sient-an (Vds.)

Potencial simple	
sentir-ía	**Imperativo negativo**
sentir-ías	no sient-as
sentir-ía	no sient-a
sentir-íamos	no sint-amos
sentir-íais	no sint-áis
sentir-ían	no sient-an

In den stammbetonten Formen wird das Stamm-e in den Diphthong ie gespalten. In den Formen, die ein silbenbildendes (nicht im Diphthong aufgehendes) i enthalten, bleibt Stammvokal e erhalten, in allen anderen Formen wird er zu i.

Die wichtigsten Verben dieser Gruppe:

advertir	benachrichtigen	mentir	lügen
	bemerken	preferir	vorziehen
	warnen	presentir	ahnen
diferir	aufschieben	referir	berichten
	verschieden sein	referirse a	s. beziehen auf
herir	verletzen	requerir	begehren, erfordern
hervir	sieden, kochen	sentir	fühlen, bedauern
invertir	umkehren		
	investieren		

Weitere Verben dieser Gruppe:

adherirse a	s. anschließen	divertir	unterhalten
arrepentirse de	bereuen	divertirse	s. vergnügen
conferir	verleihen	erguir (yergue)	erheben
	übertragen	pervertir	verderben
consentir	bewilligen	resentirse de	unter (Nachwirkungen)
	zustimmen		leiden
convertir	umwandeln	sugerir	anregen, eingeben
	bekehren	transferir	übertragen
desmentir	Lügen strafen		überweisen
	dementieren	zaherir	abkanzeln
digerir	verdauen		

DORMIR, MORIR

Infinitivo	Gerundio	Participio
dorm-ir	durm-iendo	dorm-ido (muerto)

INDICATIVO	SUBJUNTIVO

INDICATIVO	SUBJUNTIVO
Presente	**Presente**
duerm-o	duerm-a
duerm-es	duerm-as
duerm-e	duerm-a
dorm-imos	durm-amos
dorm-ís	durm-áis
duerm-en	duerm-an
Pretérito imperfecto	**Pretérito imperfecto I**
dorm-ía	durmie-se
dorm-ías	durmie-ses
dorm-ía	durmie-se
dorm-íamos	durmié-semos
dorm-íais	durmie-seis
dorm-ían	durmie-sen
Pretérito indefinido	**Pretérito imperfecto II**
dorm-í	durmie-ra
dorm-iste	durmie-ras
durm-ió	durmie-ra
dorm-imos	durmié-ramos
dorm-isteis	durmie-rais
durm-ieron	durmie-ran
Futuro imperfecto	IMPERATIVO
dormir-é	**Imperativo afirmativo**
dormir-ás	
dormir-á	duerm-e (tú)
dormir-emos	duerm-a (Vd.)
dormir-éis	durm-amos (nosotros)
dormir-án	dorm-id (vosotros)
	duerm-an (Vds.)
Potencial simple	
dormir-ía	**Imperativo negativo**
dormir-ías	
dormir-ía	no duerm-as
dormir-íamos	no duerm-a
dormir-íais	no durm-amos
dormir-ían	no durm-áis
	no duerm-an

In den stammbetonten Formen wird das Stamm-o in den Diphthong ue gespalten.
In den Formen, die ein silbenbildendes (nicht im Diphthong aufgehendes) i enthalten, bleibt Stammvokal o erhalten, in allen anderen Formen wird er zu u.

Die wichtigsten Verben dieser Gruppe:

dormir	schlafen	morir	sterben
dormirse	einschlafen	morirse	umkommen

CONSTRUIR

In allen Formen des Präsens, deren Endung nicht mit i beginnt, wird vor der Endung ein y eingeschoben.
Daneben gilt die orthographische Regel: unbetontes i zwischen Vokalen wird y.
Vgl. S. 74, Nr. 9.

Infinitivo	**Gerundio**	**Participio**
constru-ir	constru-yendo	constru-ido

INDICATIVO	SUBJUNTIVO

Presente	**Presente**
constru-y-o	constru-y-a
constru-y-es	constru-y-as
constru-y-e	constru-y-a
constru-imos	constru-y-amos
constru-ís	constru-y-áis
constru-y-en	constru-y-an
Pretérito imperfecto	**Pretérito imperfecto I**
constru-ía	construye-se
constru-ías	construye-ses
constru-ía	construye-se
constru-íamos	construyé-semos
constru-íais	construye-seis
constru-ían	construye-sen
Pretérito indefinido	**Pretérito imperfecto II**
constru-í	construye-ra
constru-iste	construye-ras
constru-yó	construye-ra
constru-imos	construyé-ramos
constru-isteis	construye-rais
constru-yeron	construye-ran

Futuro imperfecto	IMPERATIVO
construir-é	**Imperativo afirmativo**
construir-ás	
construir-á	constru-y-e (tú)
construir-emos	constru-y-a (Vd.)
construir-éis	constru-y-amos (nosotros)
construir-án	constru-id (vosotros)
	constru-y-an (Vds.)
Potencial simple	
construir-ía	**Imperativo negativo**
construir-ías	
construir-ía	no constru-y-as
construir-íamos	no constru-y-a
construir-íais	no constru-y-amos
construir-ían	no constru-y-áis
	no constru-y-an

Die wichtigsten Verben dieser Gruppe:

atribuir	zuschreiben	distribuir	verteilen
concluir	zu Ende gehen	excluir	ausschließen
	zu Ende führen	huir	fliehen
constituir	bilden, darstellen	incluir	einschließen
construir	bauen	influir en	Einfluß haben auf
contribuir a	beitragen zu	restituir	erstatten,
destruir	zerstören	sustituir	ersetzen
disminuir	vermindern		
	s. verringern		

Weitere Verben dieser Gruppe:

afluir	zuströmen	instituir	einrichten
argüir	folgern, streiten		einsetzen
	argumentieren	instruir	unterrichten
confluir	zusammenfließen	obstruir	verstopfen
destituir	absetzen	recluir	einschließen
fluir	fließen	refluir	zurückfließen
imbuir	einflößen	retribuir	vergüten, bezahlen

ANDAR

Infinitivo
and-ar

Gerundio
and-ando

Participio
and-ado

INDICATIVO

SUBJUNTIVO

Pret. indefinido	Pret. imperfecto I y II	
anduv-e	anduvie-se	anduvie-ra
anduv-iste	anduvie-ses	anduvie-ras
anduv-o	anduvie-se	anduvie-ra
anduv-imos	anduvié-semos	anduvié-ramos
anduv-isteis	anduvie-seis	anduvie-rais
anduv-ieron	anduvie-sen	anduvie-ran

ASIR

FASSEN

Infinitivo
as-ir

Gerundio
as-iendo

Participio
as-ido

INDICATIVO

SUBJUNTIVO

Presente	Presente
asg-o	asg-a
as-es	asg-as
as-e	asg-a
as-imos	asg-amos
as-ís	asg-áis
as-en	asg-an

IMPERATIVO

afirmativo		negativo
as-e	(tú)	no asg-as
asg-a	(Vd.)	no asg-a
asg-amos	(nosotros)	no asg-amos
as-id	(vosotros)	no asg-áis
asg-an	(Vds.)	no asg-an

CABER

Infinitivo	Gerundio	Participio
cab-er	cab-iendo	cab-ido

INDICATIVO   SUBJUNTIVO

Presente	Presente
quep-o	quep-a
cab-es	quep-as
cab-e	quep-a
cab-emos	quep-amos
cab-éis	quep-áis
cab-en	quep-an

Pretérito imperfecto	Pretérito imperfecto I
cab-ía	cupie-se
cab-ías	cupie-ses
cab-ía	cupie-se
cab-íamos	cupié-semos
cab-íais	cupie-seis
cab-ían	cupie-sen

Pretérito indefinido	Pretérito imperfecto II
cup-e	cupie-ra
cup-iste	cupie-ras
cup-o	cupie-ra
cup-imos	cupié-ramos
cup-isteis	cupie-rais
cup-ieron	cupie-ran

Futuro imperfecto

cabr-é

cabr-ás

cabr-á

cabr-emos

cabr-éis

cabr-án

Potencial simple

cabr-ía

cabr-ías

cabr-ía

cabr-íamos

cabr-íais

cabr-ían

IMPERATIVO
(praktisch ohne Bedeutung)

Imperativo afirmativo

cab-e	(tú)
quep-a	(Vd.)
quep-amos	(nosotros)
cab-ed	(vosotros)
quep-an	(Vds.)

Imperativo negativo

no quep-as

no quep-a

no quep-amos

no quep-áis

no quep-an

CAER

Infinitivo	**Gerundio**	**Participio**
ca-er	ca-yendo	ca-ído

INDICATIVO	SUBJUNTIVO

Presente	**Presente**
caig-o	caig-a
ca-es	caig-as
ca-e	caig-a
ca-emos	caig-amos
ca-éis	caig-áis
ca-en	caig-an

Pretérito imperfecto	**Pretérito imperfecto I**
ca-ía	caye-se
ca-ías	caye-ses
ca-ía	caye-se
ca-íamos	cayé-semos
ca-íais	caye-seis
ca-ían	caye-sen

Pretérito indefinido	**Pretérito imperfecto II**
ca-í	caye-ra
ca-íste	caye-ras
ca-yó	caye-ra
ca-ímos	cayé-ramos
ca-ísteis	caye-rais
ca-yeron	caye-ran

Futuro imperfecto	IMPERATIVO
caer-é	**Imperativo afirmativo**
caer-ás	
caer-á	ca-e (tú)
caer-emos	caig-a (Vd.)
caer-éis	caig-amos (nosotros)
caer-án	ca-ed (vosotros)
	caig-an (Vds.)

Potencial simple	
caer-ía	**Imperativo negativo**
caer-ías	
caer-ía	no caig-as
caer-íamos	no caig-a
caer-íais	no caig-amos
caer-ían	no caig-áis
	no caig-an

CONDUCIR

Infinitivo	**Gerundio**	**Participio**
conduc-ir	conduc-iendo	conduc-ido

INDICATIVO · SUBJUNTIVO

INDICATIVO	**SUBJUNTIVO**
Presente	**Presente**
conduzc-o	conduzc-a
conduc-es	conduzc-as
conduc-e	conduzc-a
conduc-imos	conduzc-amos
conduc-ís	conduzc-áis
conduc-en	conduzc-an
Pretérito imperfecto	**Pretérito imperfecto I**
conduc-ía	conduje-se
conduc-ías	conduje-ses
conduc-ía	conduje-se
conduc-íamos	condujé-semos
conduc-íais	conduje-seis
conduc-ían	conduje-sen
Pretérito indefinido	**Pretérito imperfecto II**
conduj-e	conduje-ra
conduj-iste	conduje-ras
conduj-o	conduje-ra
conduj-imos	condujé-ramos
conduj-isteis	conduje-rais
conduj-eron	conduje-ran
Futuro imperfecto	**IMPERATIVO**
conducir-é	**Imperativo afirmativo**
conducir-ás	conduc-e (tú)
conducir-á	conduzc-a (Vd.)
conducir-emos	conduzc-amos (nosotros)
conducir-éis	conduc-id (vosotros)
conducir-án	conduzc-an (Vds.)
Potencial simple	**Imperativo negativo**
conducir-ía	no conduzcas
conducir-ías	no conduzca
conducir-ía	no conduzcamos
conducir-íamos	no conduzcáis
conducir-íais	no conduzcan
conducir-ían	

DAR

Infinitivo	Gerundio	Participio
d-ar	d-ando	d-ado

INDICATIVO	SUBJUNTIVO

Presente	**Presente**
doy	dé (!)
das	des
da	dé
damos	demos
dais	deis
dan	den

Pretérito imperfecto	**Pretérito imperfecto I**
daba	die-se
dabas	die-ses
daba	die-se
dábamos	dié-semos
dabais	die-seis
daban	die-sen

Pretérito indefinido	**Pretérito imperfecto II**
di	die-ra
diste	die-ras
dio	die-ra
dimos	dié-ramos
disteis	die-rais
dieron	die-ran

Futuro imperfecto	IMPERATIVO
	Imperativo afirmativo
dar-é	
dar-ás	da (tú)
dar-á	dé (Vd.)
dar-emos	demos (nosotros)
dar-éis	dad (vosotros)
dar-án	den (Vds.)

Potencial simple	**Imperativo negativo**
dar-ía	no des
dar-ías	no dé
dar-ía	no demos
dar-íamos	no deis
dar-íais	no den
dar-ían	

DECIR

Infinitivo	Gerundio	Participio
dec-ir	dic-iendo	dicho

INDICATIVO	SUBJUNTIVO

Presente	**Presente**
dig-o	dig-a
dic-es	dig-as
dic-e	dig-a
dec-imos	dig-amos
dec-ís	dig-áis
dic-en	dig-an
Pretérito imperfecto	**Pretérito imperfecto I**
dec-ía	dije-se
dec-ías	dije-ses
dec-ía	dije-se
dec-íamos	dijé-semos
dec-íais	dije-seis
dec-ían	dije-sen
Pretérito indefinido	**Pretérito imperfecto II**
dij-e	dije-ra
dij-iste	dije-ras
dij-o	dije-ra
dij-imos	dijé-ramos
dij-isteis	dije-rais
dij-eron	dije-ran

Futuro imperfecto	IMPERATIVO
dir-é	**Imperativo afirmativo**
dir-ás	
dir-á	di (!) (tú)
dir-emos	dig-a (Vd.)
dir-éis	dig-amos (nosotros)
dir-án	dec-id (vosotros)
	dig-an (Vds.)
Potencial simple	**Imperativo negativo**
dir-ía	no digas
dir-ías	no diga
dir-ía	no digamos
dir-íamos	no digáis
dir-íais	no digan
dir-ían	

ESTAR

Infinitivo
est-ar

Gerundio
est-ando

Participio
est-ado

INDICATIVO	SUBJUNTIVO
Presente	**Presente**
est-oy	est-é (!)
est-ás	est-és
est-á	est-é
est-amos	est-emos
est-áis	est-éis
est-án	est-én
Pretérito imperfecto	**Pretérito imperfecto I**
est-aba	estuvie-se
est-abas	estuvie-ses
est-aba	estuvie-se
est-ábamos	estuvié-semos
est-abais	estuvie-seis
est-aban	estuvie-sen
Pretérito indefinido	**Pretérito imperfecto II**
estuv-e	estuvie-ra
estuv-iste	estuvie-ras
estuv-o	estuvie-ra
estuv-imos	estuvié-ramos
estuv-isteis	estuvie-rais
estuv-ieron	estuvie-ran
Futuro imperfecto	IMPERATIVO
estar-é	**Imperativo afirmativo**
estar-ás	está (tú) (oft: estáte)
estar-á	esté (Vd.)
estar-emos	estemos (nosotros)
estar-éis	estad (vosotros)
estar-án	estén (Vds.)
Potencial simple	**Imperativo negativo**
estar-ía	no estés
estar-ías	no esté
estar-ía	no estemos
estar-íamos	no estéis
estar-íais	no estén
estar-ían	

HACER

Infinitivo	**Gerundio**	**Participio**
hac-er	hac-iendo	hecho

INDICATIVO	SUBJUNTIVO

Presente	**Presente**
hag-o	hag-a
hac-es	hag-as
hac-e	hag-a
hac-emos	hag-amos
hac-éis	hag-áis
hac-en	hag-an

Pretérito imperfecto	**Pretérito imperfecto I**
hac-ía	hicie-se
hac-ías	hicie-ses
hac-ía	hicie-se
hac-íamos	hicié-semos
hac-íais	hicie-seis
hac-ían	hicie-sen

Pretérito indefinido	**Pretérito imperfecto II**
hic-e	hicie-ra
hic-iste	hicie-ras
hiz-o	hicie-ra
hic-imos	hicié-ramos
hic-isteis	hicie-rais
hic-ieron	hicie-ran

Futuro imperfecto	IMPERATIVO
	Imperativo afirmativo
har-é	
har-ás	haz (!) (tú)
har-á	hag-a (Vd.)
har-emos	hag-amos (nosotros)
har-éis	hac-ed (vosotros)
har-án	hag-an (Vds.)

Potencial simple	**Imperativo negativo**
har-ía	no hag-as
har-ías	no hag-a
har-ía	no hag-amos
har-íamos	no hag-áis
har-íais	no hag-an
har-ían	

I R

Infinitivo	Gerundio	Participio
ir	yendo	ido

INDICATIVO   SUBJUNTIVO

Presente	**Presente**
v-oy	vaya
v-as	vayas
v-a	vaya
v-amos	vayamos
v-ais	vayáis
v-an	vayan

Pretérito imperfecto	**Pretérito imperfecto I**
i-ba	fue-se
i-bas	fue-ses
i-ba	fue-se
í-bamos	fué-semos
i-bais	fue-seis
i-ban	fue-sen

Pretérito indefinido	**Pretérito imperfecto II**
fui	fue-ra
fuiste	fue-ras
fue	fue-ra
fuimos	fué-ramos
fuisteis	fue-rais
fueron	fue-ran

Futuro imperfecto	IMPERATIVO
ir-é	**Imperativo afirmativo**
ir-ás	ve (!) (tú) (oft: vete)
ir-á	vaya (Vd.)
ir-emos	vamos (!) (nosotros)
ir-éis	id (vosotros) (refl.: ¡idos!)
ir-án	vayan (Vds.)

Potencial simple	**Imperativo negativo**
ir-ía	no vayas
ir-ías	no vaya
ir-ía	no vayamos
ir-íamos	no vayáis
ir-íais	no vayan
ir-ían	

OIR

Infinitivo
o-ir

Gerundio
o-yendo

Participio
o-ído

INDICATIVO	SUBJUNTIVO
Presente	**Presente**
oig-o	oig-a
oy-es	oig-as
oy-e	oig-a
o-ímos	oig-amos
o-ís	oig-áis
oy-en	oig-an
Pretérito imperfecto	**Pretérito imperfecto I**
o-ía	oye-se
o-ías	oye-ses
o-ía	oye-se
o-íamos	oyé-semos
o-íais	oye-seis
o-ían	oye-sen
Pretérito indefinido	**Pretérito imperfecto II**
o-í	oye-ra
o-íste	oye-ras
o-yó	oye-ra
o-ímos	oyé-ramos
o-ísteis	oye-rais
o-yeron	oye-ran

Futuro imperfecto	IMPERATIVO
	Imperativo afirmativo
oir-é	
oir-ás	oy-e (tú)
oir-á	oig-a (Vd.)
oir-emos	oig-amos (nosotros)
oir-éis	o-id (vosotros)
oir-án	oig-an (Vds.)
Potencial simple	**Imperativo negativo**
oir-ía	no oigas
oir-ías	no oiga
oir-ía	no oigamos
oir-íamos	no oigáis
oir-íais	no oigan
oir-ían	

PODER

Infinitivo
pod-er

Gerundio
pud-iendo

Participio
pod-ido

INDICATIVO	SUBJUNTIVO
Presente	**Presente**
pued-o	pued-a
pued-es	pued-as
pued-e	pued-a
pod-emos	pod-amos
pod-éis	pod-áis
pued-en	pued-an
Pretérito imperfecto	**Pretérito imperfecto I**
pod-ía	pudie-se
pod-ías	pudie-ses
pod-ía	pudie-se
pod-íamos	pudié-semos
pod-íais	pudie-seis
pod-ían	pudie-sen
Pretérito indefinido	**Pretérito imperfecto II**
pud-e	pudie-ra
pud-iste	pudie-ras
pud-o	pudie-ra
pud-imos	pudié-ramos
pud-isteis	pudie-rais
pud-ieron	pudie-ran

Futuro imperfecto	IMPERATIVO
podr-é	**Imperativo afirmativo**
podr-ás	(praktisch ohne Bedeutung)
podr-á	pued-e (tú)
podr-emos	pued-a (Vd.)
podr-éis	pod-amos (nosotros)
podr-án	pod-ed (vosotros)
	pued-an (Vds.)
Potencial simple	**Imperativo negativo**
podr-ía	no puedas
podr-ías	no pueda
podr-ía	no podamos
podr-íamos	no podáis
podr-íais	no puedan
podr-ían	

PONER

Infinitivo	**Gerundio**	**Participio**
pon-er	pon-iendo	puesto

INDICATIVO	SUBJUNTIVO
Presente	**Presente**
pong-o	pong-a
pon-es	pong-as
pon-e	pong-a
pon-emos	pong-amos
pon-éis	pong-áis
pon-en	pong-an
Pretérito imperfecto	**Pretérito imperfecto I**
pon-ía	pusie-se
pon-ías	pusie-ses
pon-ía	pusie-se
pon-íamos	pusié-semos
pon-íais	pusie-seis
pon-ían	pusie-sen
Pretérito indefinido	**Pretérito imperfecto II**
pus-e	pusie-ra
pus-iste	pusie-ras
pus-o	pusie-ra
pus-imos	pusié-ramos
pus-isteis	pusie-rais
pus-ieron	pusie-ran

Futuro imperfecto	IMPERATIVO	
pondr-é	**Imperativo afirmativo**	
pondr-ás	pon (!)	(tú)
pondr-á	pong-a	(Vd.)
pondr-emos	pong-amos	(nosotros)
pondr-éis	pon-ed	(vosotros)
pondr-án	pong-an	(Vds.)
Potencial simple	**Imperativo negativo**	
pondr-ía	no pongas	
pondr-ías	no ponga	
pondr-ía	no pongamos	
pondr-íamos	no pongáis	
pondr-íais	no pongan	
pondr-ían		

QUERER

Infinitivo	**Gerundio**	**Participio**
quer-er	quer-iendo	quer-ido

INDICATIVO	SUBJUNTIVO
Presente	**Presente**
quier-o	quier-a
quier-es	quier-as
quier-e	quier-a
quer -emos	quer -amos
quer -éis	quer -áis
quier-en	quier-an
Pretérito imperfecto	**Pretérito imperfecto I**
quer-ía	quisie-se
quer-ías	quisie-ses
quer-ía	quisie-se
quer-íamos	quisié-semos
quer-íais	quisie-seis
quer-ían	quisie-sen
Pretérito indefinido	**Pretérito imperfecto II**
quis-e	quisie-ra
quis-iste	quisie-ras
quis-o	quisie-ra
quis-imos	quisié-ramos
quis-isteis	quisie-rais
quis-ieron	quisie-ran

	IMPERATIVO
Futuro imperfecto	**Imperativo afirmativo**
querr-é	
querr-ás	quier-e (tú)
querr-á	quier-a (Vd.)
querr-emos	quer -amos (nosotros)
querr-éis	quer -ed (vosotros)
querr-án	quier-an (Vds.)
Potencial simple	**Imperativo negativo**
querr-ía	no quieras
querr-ías	no quiera
querr-ía	no queramos
querr-íamos	no queráis
querr-íais	no quieran
querr-ían	

SABER

Infinitivo	Gerundio	Participio
sab-er	sab-iendo	sab-ido

INDICATIVO	SUBJUNTIVO

Presente	**Presente**
sé	sep-a (!)
sab-es	sep-as
sab-e	sep-a
sab-emos	sep-amos
sab-éis	sep-áis
sab-en	sep-an

Pretérito imperfecto	**Pretérito imperfecto I**
sab-ía	supie-se
sab-ías	supie-ses
sab-ía	supie-se
sab-íamos	supié-semos
sab-íais	supie-seis
sab-ían	supie-sen

Pretérito indefinido	**Pretérito imperfecto II**
sup-e	supie-ra
sup-iste	supie-ras
sup-o	supie-ra
sup-imos	supié-ramos
sup-isteis	supie-rais
sup-ieron	supie-ran

Futuro imperfecto	IMPERATIVO
	Imperativo afirmativo
sabr-é	
sabr-ás	sab-e (tú)
sabr-á	sep-a (Vd.)
sabr-emos	sep-amos (nosotros)
sabr-éis	sab-ed (vosotros)
sabr-án	sep-an (Vds.)

Potencial simple	**Imperativo negativo**
sabr-ía	no sep-as
sabr-ías	no sep-a
sabr-ía	no sep-amos
sabr-íamos	no sep-áis
sabr-íais	no sep-an
sabr-ían	

SALIR

Infinitivo	Gerundio	Participio
sal-ir	sal-iendo	sal-ido

INDICATIVO	SUBJUNTIVO

Presente	**Presente**
salg-o	salg-a
sal-es	salg-as
sal-e	salg-a
sal-imos	salg-amos
sal-ís	salg-áis
sal-en	salg-an

Pretérito imperfecto	**Pretérito imperfecto I**
sal-ía	salie-se
sal-ías	salie-ses
sal-ía	salie-se
sal-íamos	salié-semos
sal-íais	salie-seis
sal-ían	salie-sen

Pretérito indefinido	**Pretérito imperfecto II**
sal-í	salie-ra
sal-iste	salie-ras
sal-ió	salie-ra
sal-imos	salié-ramos
sal-isteis	salie-rais
sal-ieron	salie-ran

Futuro imperfecto	IMPERATIVO
	Imperativo afirmativo
saldr-é	
saldr-ás	sal (!) (tú)
saldr-á	salg-a (Vds.)
saldr-emos	salg-amos (nosotros)
saldr-éis	sal-id (vosotros)
saldr-án	salg-an (Vds.)

Potencial simple	**Imperativo negativo**
saldr-ía	
saldr-ías	no salgas
saldr-ía	no salga
saldr-íamos	no salgamos
saldr-íais	no salgáis
saldr-ían	no salgan

TENER

Infinitivo	Gerundio	Participio
ten-er	ten-iendo	ten-ido

INDICATIVO	SUBJUNTIVO

Presente	**Presente**
teng-o	teng-a
tien-es	teng-as
tien-e	teng-a
ten -emos	teng-amos
ten -éis	teng-áis
tien-en	teng-an

Pretérito imperfecto	**Pretérito imperfecto I**
ten-ía	tuvie-se
ten-ías	tuvie-ses
ten-ía	tuvie-se
ten-íamos	tuvié-semos
ten-íais	tuvie-seis
ten-ían	tuvie-sen

Pretérito indefinido	**Pretérito imperfecto II**
tuv-e	tuvie-ra
tuv-iste	tuvie-ras
tuv-o	tuvie-ra
tuv-imos	tuvié-ramos
tuv-isteis	tuvie-rais
tuv-ieron	tuvie-ran

Futuro imperfecto	IMPERATIVO
	Imperativo afirmativo
tendr-é	
tendr-ás	ten (!) (tú)
tendr-á	teng-a (Vd.)
tendr-emos	teng-amos (nosotros)
tendr-éis	ten-ed (vosotros)
tendr-án	teng-an (Vds.)

Potencial simple	**Imperativo negativo**
tendr-ía	no tengas
tendr-ías	no tenga
tendr-ía	no tengamos
tendr-íamos	no tengáis
tendr-íais	no tengan
tendr-ían	

TRAER

Infinitivo	**Gerundio**	**Participio**
tra-er	tra-yendo	tra-ído

INDICATIVO

SUBJUNTIVO

Presente	**Presente**
traig-o	traig-a
tra-es	traig-as
tra-e	traig-a
tra-emos	traig-amos
tra-éis	traig-áis
tra-en	traig-an

Pretérito imperfecto	**Pretérito imperfecto I**
tra-ía	traje-se
tra-ías	traje-ses
tra-ía	traje-se
tra-íamos	trajé-semos
tra-íais	traje-seis
tra-ían	traje-sen

Pretérito indefinido	**Pretérito imperfecto II**
traj-e	traje-ra
traj-iste	traje-ras
traj-o	traje-ra
traj-imos	trajé-ramos
traj-isteis	traje-rais
traj-eron	traje-ran

Futuro imperfecto	IMPERATIVO

Futuro imperfecto	**Imperativo afirmativo**	
traer-é		
traer-ás	tra-e	(tú)
traer-á	traig-a	(Vd.)
traer-emos	traig-amos	(nosotros)
traer-éis	tra-ed	(vosotros)
traer-án	traig-an	(Vds.)

Potencial simple	**Imperativo negativo**
traer-ía	no traigas
traer-ías	no traiga
traer-ía	no traigamos
traer-íamos	no traigáis
traer-íais	no traigan
traer-ían	

VALER

Infinitivo
val-er

Gerundio
val-iendo

Participio
val-ido

INDICATIVO	SUBJUNTIVO
Presente	**Presente**
valg-o	valg-a
val-es	valg-as
val-e	valg-a
val-emos	valg-amos
val-éis	valg-áis
val-en	valg-an
Pretérito imperfecto	**Pretérito imperfecto I**
val-ía	valie-se
val-ías	valie-ses
val-ía	valie-se
val-íamos	valié-semos
val-íais	valie-seis
val-ían	valie-sen
Pretérito indefinido	**Pretérito imperfecto II**
val-í	valie-ra
val-iste	valie-ras
val-ió	valie-ra
val-imos	valié-ramos
val-isteis	valie-rais
val-ieron	valie-ran
Futuro imperfecto	IMPERATIVO
valdr-é	**Imperativo afirmativo**
valdr-ás	val (vale) (tú)
valdr-á	valg-a (Vd.)
valdr-emos	valg-amos (nosotros)
valdr-éis	val-ed (vosotros)
valdr-án	valg-an (Vds.)
Potencial simple	**Imperativo negativo**
valdr-ía	no valgas
valdr-ías	no valga
valdr-ía	no valgamos
valdr-íamos	no valgáis
valdr-íais	no valgan
valdr-ían	

VENIR

Infinitivo	**Gerundio**	**Participio**
ven-ir	vin-iendo	ven-ido

INDICATIVO   SUBJUNTIVO

Presente	**Presente**
veng-o	veng-a
vien-es	veng-as
vien-e	veng-a
ven -imos	veng-amos
ven -ís	veng-áis
vien-en	veng-an

Pretérito imperfecto	**Pretérito imperfecto I**
ven-ía	vinie-se
ven-ías	vinie-ses
ven-ía	vinie-se
ven-íamos	vinié-semos
ven-íais	vinie-seis
ven-ían	vinie-sen

Pretérito indefinido	**Pretérito imperfecto II**
vin-e	vinie-ra
vin-iste	vinie-ras
vin-o	vinie-ra
vin-imos	vinié-ramos
vin-isteis	vinie-rais
vin-ieron	vinie-ran

Futuro imperfecto	IMPERATIVO
vendr-é	**Imperativo afirmativo**
vendr-ás	ven (!) (tú)
vendr-á	veng-a (Vd.)
vendr-emos	veng-amos (nosotros)
vendr-éis	ven-id (vosotros)
vendr-án	veng-an (Vds.)

Potencial simple	**Imperativo negativo**
vendr-ía	no vengas
vendr-ías	no venga
vendr-ía	no vengamos
vendr-íamos	no vengáis
vendr-íais	no vengan
vendr-ían	

VER

Infinitivo	Gerundio	Participio
v-er	v-iendo	visto

INDICATIVO	SUBJUNTIVO

Presente	Presente
ve-o	ve-a
v-es	ve-as
v-e	ve-a
v-emos	ve-amos
v-éis	ve-áis
v-en	ve-an

Pretérito imperfecto	Pretérito imperfecto I
ve-ía	vie-se
ve-ías	vie-ses
ve-ía	vie-se
ve-íamos	vié-semos
ve-íais	vie-seis
ve-ían	vie-sen

Pretérito indefinido	Pretérito imperfecto II
v-i	vie-ra
v-iste	vie-ras
v-io	vie-ra
v-imos	vié-ramos
v-isteis	vie-rais
v-ieron	vie-ran

Futuro imperfecto	IMPERATIVO	
	Imperativo afirmativo	
ver-é		
ver-ás	ve	(tú)
ver-á	ve-a	(Vd.)
ver-emos	ve-amos	(nosotros)
ver-éis	v-ed	(vosotros)
ver-án	ve-an	(Vds.)

Potencial simple	Imperativo negativo
ver-ía	no veas
ver-ías	no vea
ver-ía	no veamos
ver-íamos	no veáis
ver-íais	no vean
ver-ían	

YACER

Infinitivo
yac-er

Gerundio
yac-iendo

Participio
yac-ido

INDICATIVO

SUBJUNTIVO

Presente	**Presente**
yazg-o*	yazg-a*
yac-es	yazg-as
yac-e	yazg-a
yac-emos	yazg-amos
yac-éis	yazg-áis
yac-en	yazg-an

IMPERATIVO

afirmativo		**negativo**	
yace	(tú)**	no yazgas	*
yazg-a	(Vd.)*	no yazga	*
yazg-amos	(nosotros)*	no yazgamos	*
yac-ed	(vosotros)	no yazgáis	*
yazg-an	(Vds.)*	no yazgan	*

* Neben der Form yazgo im Presente de indicativo gibt es auch yazco und yago.
Entsprechend den Ableitungsregeln gibt es daher auch für alle Formen des Presente de subjuntivo und die daraus entnommenen Imperative drei Formen.
** Neben yace auch yaz.

PLACER

Das Verb placer wird meist nur unpersönlich verwendet und ist von regelmäßigen Verben, z.B. gustar, praktisch verdrängt.
Da sehr verschiedene Formen nebeneinander bestehen, verweisen wir auf die Grammatik.

PODRIR oder PUDRIR

Die Real Academia Española zieht, ausgenommen Infinitiv und Partizip (podrir, podrido), die Konjugation mit dem Stamm pud- vor.
Es ergibt sich also sozusagen ein regelmäßiges Verb pudrir mit «unregelmäßigem» Infinitiv und Partizip.

KOMPOSITA DER UNREGELMÄSSIGEN VERBEN

CAER, S. 51

Ebenso die Komposita: decaer verfallen
recaer zurückfallen, einen Rückfall haben

CONDUCIR, S. 52

Ebenso alle mit -ducir zusammengesetzten Verben, z. B.:

aducir	(als Grund) anführen	reducir	verringern
conducir	führen	seducir	verführen
deducir	entnehmen, folgern	traducir	übersetzen

DECIR, S. 54

Die Komposita von decir sind regelmäßig im Futuro imperfecto, Potencial simple und Imperativo.
Bendecir und maldecir haben regelmäßiges Partizip: bendecido, maldecido.
Contradecir hat wie decir unregelmäßiges Partizip: contradicho.

HACER, S. 56

Ebenso die Komposita (deshacer, satisfacer).
Satisfacer behält in allen Formen das f. Es hat neben der unregelmäßigen auch die regelmäßige Imperativform: satisface.

PONER, S. 60

Ebenso die Komposita, z. B.:

anteponer	davorstellen	disponer de	verfügen über
componer	zusammenstellen	presuponer	voraussetzen
	komponieren	descomponer	zerlegen
suponer	vermuten,	descomponerse	zerfallen,
	voraussetzen,		s. zersetzen
	nach s. ziehen		

QUERER, S. 61

Ebenso die Komposita bienquerer und malquerer.
Vgl. aber requerir, S. 45, und adquirir, S. 40.

TENER, S. 64

Ebenso die Komposita:

abstenerse de	s. enthalten	entretener	unterhalten
atenerse a	s. halten an	mantener	(aufrecht)erhalten
contener	enthalten	obtener	erlangen, erreichen
contenerse	s. beherrschen	retener	zurück(be)halten
detener	anhalten	sostener	unterstützen
	verhaften		behaupten

TRAER, S. 65

Ebenso alle Komposita, z.B.

atraer	anziehen	retraer	zurückziehen
contraer	zusammenziehen	distraer	zerstreuen

VENIR, S. 67

Ebenso die Komposita, z.B.

avenirse con	s. abfinden mit	prevenir	verhüten
convenir	vereinbaren	reconvenir	tadeln
	zweckmäßig sein		
intervenir	eingreifen		

VER, S. 68

Ebenso die Komposita

entrever	undeutlich sehen	prever	vorhersehen
	ahnen		

Regelmäßig konjugiert (mit Ausnahme des Partizips provisto):

proveer	versorgen

UNREGELMÄSSIGE PARTIZIPIEN

Aufgeführt sind nur die Partizipien, die zur Konjugation in den zusammengesetzten Zeiten und im Passiv verwendet werden. Nicht berücksichtigt sind Nebenformen, die als Adjektiv verwendet werden (z. B. confesar – confeso, corregir – correcto).

Infinitivo	Participio	Compuestos
abrir	abierto	ebenso
cubrir	cubierto	ebenso
decir	dicho	ebenso contradecir
		regelmäßig: maldecir
hacer	hecho	ebenso (auch satisfacer: satisfecho)
imprimir	impreso	andere Zusammensetzungen mit -primir
		regelmäßig: oprimir, suprimir, comprimir
morir	muerto	ebenso
poner	puesto	ebenso
romper	roto	alle Zusammensetzungen regelmäßig:
		corromper, interrumpir
ver	visto	ebenso
proveer	provisto	–
volver	vuelto	ebenso
disolver	disuelto	ebenso alle Zusammensetzungen mit -solver:
		resolver, absolver
escribir	escrito	ebenso

UNREGELMÄSSIGE IMPERATIVE

Bei einigen Verben entspricht der positive Imperativ der 2. Pers. Sg. nicht der normalen Ableitung aus der 3. Pers. Sg. des Pres. de indicativo.

decir	di (tú)
hacer	haz (tú)
ir	ve (tú), oft reflexiv gebraucht: vete
poner	pon (tú)
salir	sal (tú)
venir	ven (tú)

ORTHOGRAPHISCHE VERÄNDERUNGEN

Bei regelmäßigen und unregelmäßigen Verben einschließlich der Gruppenverben können, entsprechend den Regeln über Aussprache und Schrift des Spanischen – die Aussprache ist das Primäre – gewisse orthographische Veränderungen notwendig sein. Wir geben für diese Erscheinungen je ein Beispiel:

1. aparcar: c wird qu vor e

Pres. de indicativo	Pres. de subjuntivo	Pret. indefinido
aparco	aparque	aparqué
aparcas	aparques	aparcaste
aparca	aparque	aparcó
aparcamos	aparquemos	aparcamos
aparcáis	aparquéis	aparcasteis
aparcan	aparquen	aparcaron

2. llegar: g wird gu vor e

Pres. de indicativo	Pres. de subjuntivo	Pret. indefinido
llego	llegue	llegué
llegas usw.	llegues usw.	llegaste usw.

3. enlazar: z wird c vor e

Pres. de indicativo	Pres. de subjuntivo	Pret. indefinido
enlazo	enlace	enlacé
enlazas usw.	enlaces usw.	enlazaste usw.

4. averiguar: gu wird gü vor e

Pres. de indicativo	Pres. de subjuntivo	Pret. indefinido
averiguo	averigüe	averigüé
averiguas usw.	averigües usw.	averiguaste usw.

Entsprechend auch die diphthongierten Formen von avergonzarse:
me avergüenzo   me avergüence

5. mecer: c wird z vor o und a

Pres. de indicativo	Pres. de subjuntivo	Ebenso:
mezo	meza	hacer – hice – hizo
meces usw.	mezas usw.	

6. proteger, dirigir: g wird j vor o und a

Pres. de indicativo	Pres. de subjuntivo
protejo	proteja
proteges usw.	protejas usw.

Anm. Bei Verben, die im Infinitiv ein j haben, wird jedoch nicht vor e in g verwandelt: trabajo, trabaje, trabajé

7. distinguir: gu wird g vor o und a

Pres. de indicativo	Pres. de subjuntivo	Pret. indefinido
distingo	distinga	distinguí
distingues usw.	distingas usw.	distinguiste
		distinguió usw.

8. **delinquir:** qu wird c vor o und a

Pres. de indicativo	Pres. de subjuntivo
delinco	delinca
delinques usw.	delincas usw.

9. Unbetontes (zu einem Diphthong gehörendes) i zwischen Vokalen wird y:

Infinitivo	Gerundio	Pret. indefinido	Pret. imperfecto
leer	leyendo	leí	leía
		leíste	leías
		leyó	leía
		leímos	leíamos
		leísteis	leíais
		leyeron	leían

10. Wortbeginn ie- wird zu ye-; Wortbeginn ue- wird zu hue-:

errar:	yerro,	yerras usw.	ir:	yendo
erguir:	yergo,	yergues usw.	oler:	huele

11. Komposita einsilbiger Verben tragen in bestimmten Formen im Gegensatz zum einfachen Verb Akzent, damit die Zusammensetzung deutlich und das Verb (nicht die Vorsilbe) betont ist:

ver　　ve　　vio
prever　prevé　previó

12. Falsche Diphthongbildung muß durch Akzent vermieden werden, damit die Endung hörbar bleibt, z. B.

oído, creído, caímos, oí usw.

Diese Regel gilt nicht für Diphthong ui:　　fuimos, huimos,
ebensowenig für Infinitive:　　　　　　　oir, reir usw.

13. Nach den «Nuevas Normas», die seit 1959 gelten, bestehen die folgenden .Fälle einsilbiger Verbformen mit bzw. ohne Akzent:

dé von dar　(zur Unterscheidung von der Präposition de)
rió von reir　(dagegen aber vio, dio, fue!)

Nicht durch Akzent unterschieden sind:
ve (Imperativ von ver) und ve (Imperativ von ir)
di (Imperativ von decir) und di (Indefinido von dar)

Vgl. Nr. 12: Wegfall des Akzents bei Infinitiv und Diphthong ui.

14. Verben, deren Stamm auf ñ oder ll ausgeht, verlieren das unbetonte i der Endungen -ió, -ieron und -iendo, wie es der Aussprache entspricht:

bullir (sieden):	bulló	bulleron	bullendo
teñir (färben):	tiñó	tiñeron	tiñendo

Ebenso entfällt bei reir und seinen Komposita das i dieser Endungen:
ri-ió wird zu ri-ó
ri-ieron wird zu ri-eron

Ebenso bei den Indefinido-Stämmen auf j:
dijeron, trajeron, condujeron

ABLEITUNG VON KONJUGATIONSFORMEN

Die wichtigsten Ableitungsregeln für regelmäßige und unregelmäßige Verben:

1. teng-o   teng-a   Stamm der 1. Pers. Sg. des Presente de indicativo wird Stamm des gesamten Presente de subjuntivo. (Wenige Ausnahmen).

2. ten-er   ten-ía   Infinitivstamm wird Stamm des Pret. imperfecto (Ausnahmen: ir, ser, ver).

3. (él) ve   ¡ve (tú)!   Positiver Imperativ 2. Pers. Sg. identisch mit 3. Pers. Sg. Presente de indicativo. (Mehrere Ausnahmen).

    ve-r   ve-d   Positiver Imperativ 2. Pers. Pl. entsteht aus dem Infinitiv: d statt r. (Keine Ausnahme).

4. Vd. vea   ¡vea Vd.!   Alle unter 3 nicht genannten Imperative, d. h. auch
    (tú) veas   no veas (tú)   alle negativen Imperative, werden durch die entsprechende Form des Pres. de subjuntivo umschrieben. (Ausnahme: ir – vamos).

5. tendr-é   tendr-ía   Stamm des Futuro imperfecto ist auch Stamm des Potencial simple. (Keine Ausnahme).

6. tuvie/ron   tuvie-se   Aus der 3. Pers. Pl. Pret. indefinido wird der Stamm
    tuvie-ra   des Pret. imperfecto I-II und des (seltenen und daher
    tuvie-re   nicht in die Tabellen aufgenommenen) Futuro de subjuntivo abgeleitet. (Keine Ausnahme).

Achtung: Abweichungen von diesen Ableitungsregeln werden in den Tabellen der unregelmäßigen Verben durch (!) kenntlich gemacht.

VERWENDUNG DER ZEITEN UND MODI

I – DIE ZEITEN DES INDIKATIVS UND DAS KONDITIONAL

1. Presente

Das Presente de indicativo entspricht dem deutschen Präsens und drückt aus:
a) Gegenwart im engeren Sinn: Escribo una carta.
Der augenblickliche Verlauf der Handlung wird oft noch intensiver ausgedrückt durch: Estoy escribiendo una carta.
b) Gegenwart im weiteren Sinn: Este chico es español.
Vergangenheit und Zukunft sind in diese Aussage eingeschlossen.
c) Zukunft: El año que viene vamos a España.
d) «Historisches Präsens»: A mediados del siglo VIII, los árabes dominan la mayor parte de la Península.
Oft auch zur Erhöhung der Spannung in der Erzählung:
Todo estaba tranquilo. De repente se oye un disparo ...
e) Ersatz für Konditionalsätze (in der Umgangssprache):
Si no me doy cuenta, me mato. Hätte ich es nicht gemerkt, so wäre ich dabei umgekommen.

2. Pretérito perfecto

Das Pretérito perfecto bezeichnet eine Handlung, die als solche abgeschlossen, in ihrer Auswirkung jedoch unmittelbar wesentlich für die Gegenwart ist. Dementsprechend bedeutet
Le he escrito una carta: Der Schreibvorgang ist abgeschlossen; unmittelbare Auswirkung auf die Gegenwart: der Brief liegt versandbereit da, oder er ist gerade unterwegs, oder er ist schon beim Empfänger; ich warte auf Antwort usw.
Wegen seiner engen Verbindung mit der Gegenwart (auch formell: das Hilfszeitwort haber steht im Präsens) steht Pretérito perfecto auch, wenn sich eine Handlung – evtl. ohne unmittelbare Auswirkung auf die Gegenwart – in einem Zeitraum abgespielt hat, der noch nicht ganz der Vergangenheit angehört: hoy, esta semana, en nuestro siglo.
Esta semana me he levantado temprano.

3. Pretérito indefinido

Das Pretérito indefinido bezeichnet eine Handlung, die
sich **einmal** ereignete,
in der Vergangenheit **einsetzte,**
in der Vergangenheit **zum Abschluß kam** und
nicht in ihrer Auswirkung auf die Gegenwart gesehen wird.
Entsprechend ergeben sich folgende Anwendungen:
a) Erzählung nacheinander einsetzender Vorgänge (und dann?, und dann?):
Sacó un paquete de cigarrillos, lo abrió y me ofreció uno.

b) Nennung historischer Tatsachen und Ereignisse (wenn diese nicht nur als Hintergrund für die Erzählung anderer Begebenheiten angeführt werden; vgl. Pret. imperfecto):
Granada fue capital del último reino moro en España.
Oft wird irrtümlich angenommen, die im Pretérito indefinido geschilderte Handlung müsse (im Gegensatz zum Pret. imperfecto) unbedingt plötzlich eingesetzt haben und könne nur kurz gedauert haben. Die Zeitdauer zwischen Einsetzen und Abschluß der Handlung spielt jedoch keine Rolle: España tuvo durante tres siglos el imperio más asombroso del mundo.

c) Aus der Definition «Einsetzen und Abschluß in der Vergangenheit» ergeben sich bei einigen Verben Bedeutungsunterschiede zwischen Pret. imperfecto und Pret. indefinido:

sabía	er wußte	supo	er erfuhr
conocía	er kannte	conoció	er lernte kennen, er erkannte
tenía	er hatte	tuvo	er bekam

4. Pretérito imperfecto

Das Pretérito imperfecto bezeichnet eine Handlung in der Vergangenheit, an der aber für die Erzählung nicht der Augenblick des Eintretens oder die Tatsache des Abschlusses in der Vergangenheit interessiert.

a) Das Pret. imperfecto bezeichnet gleichzeitig verlaufende Handlungen:
Yo trabajaba mientras él estaba en el café.

b) Das Pret. imperfecto bezeichnet einen Zustand, der bereits gegeben war, bzw. eine Handlung, die bereits begonnen hatte und noch andauerte, als eine neue Handlung einsetzte:
No estaba en casa cuando le llamé.

c) Im Rahmen der Erzählung stellt das Pret. imperfecto also nicht in erster Linie ein Ereignis dar, sondern etwas Zuständliches, den Hintergrund, die Begleitumstände (nicht Folgen!) der im Mittelpunkt stehenden Ereignisse:
Hacía sol, el mar estaba maravilloso. Los turistas se divertían en la playa.

Im Pretérito imperfecto werden auch Handlungen erzählt, die sich regelmäßig wiederholten und nicht als Einzelereignisse gesehen werden:
A las diez llamaba a su novia. Dagegen aber:
En estas tres semanas, la llamó cincuenta veces, por lo menos.

Im abhängigen Nebensatz steht das Pret. imperfecto häufig aus Gründen der Zeitenfolge (s. Seite 81).

5. Pretérito pluscuamperfecto

Das Pretérito pluscuamperfecto bezeichnet wie im Deutschen eine Handlung, die bereits beendet war, als eine andere in der Vergangenheit einsetzte oder sich abspielte:
Ya había terminado la carta cuando me di cuenta de que faltaba lo más importante.

6. Pretérito anterior

Das Pretérito anterior wird im Deutschen durch Plusquamperfekt wiedergegeben. Da die Vorstellung der Vorzeitigkeit, die normalerweise zu etwas Zuständlichem geworden ist (vgl. Imperfekt und den Beispielsatz für Plusquamperfekt), und die Vorstellung der Dynamik, die im Pret. indefinido des Hilfszeitworts liegt, einander weitgehend widersprechen, ist die Verwendung des Pret. anterior ziemlich selten. Es steht nur in Temporalsätzen und bezeichnet eine sehr unmittelbare Vorzeitigkeit:

Apenas hubo subido cuando el tren arrancó.

7. Futuro imperfecto

Das Futuro imperfecto entspricht im Gebrauch dem Futur I des Deutschen. Es bezeichnet:

a) Handlungen in der Zukunft: Iré a España. (Vgl. auch Präsens).
Eine nahe Zukunft wird oft umschrieben: Voy a hacerlo.

b) Vermutung (auf die Gegenwart oder Zukunft bezogen):
Ahora serán las tres.
Irá a España – er wird wohl nach Spanien fahren.

c) Umschreibung eines Befehls oder Verbots:
No lo harás – das wirst du nicht tun!

Abweichend vom Deutschen steht das Futuro imperfecto in Vertragstexten, Verordnungen usw. als Ausdruck der verpflichtenden Bestimmung:

Las partes contratantes se informarán mutuamente – Die Vertragspartner informieren sich gegenseitig.

8. Futuro perfecto

Das Futuro perfecto entspricht in der Bedeutung dem Futur II des Deutschen, wird jedoch mehr gebraucht als dieses.

a) Es bezeichnet eine noch in der Zukunft liegende Handlung als bereits beendet – also von einem noch ferner in der Zukunft liegenden Zeitpunkt aus rückschauend betrachtet:
Vendrá mañana; para entonces lo habremos preparado todo.
(Das Deutsche verwendet hier meist nur Perfekt).

b) Vermutung (daß eine Handlung beendet ist oder beendet sein wird):
Habrá salido muy temprano – supongo que salió muy temprano.
Lo habrá preparado todo – supongo que lo ha preparado, que todo está preparado (Vgl. aber 9 c).

9. Potencial simple

Das Potencial simple entspricht in der Bedeutung dem Konditional des Deutschen, kann jedoch normalerweise nicht wie dieses durch Konjunktiv Imperfekt ersetzt werden (Ausnahmen: Modalverben – quisiera, pudiera, debiera).

a) Es bezeichnet eine mögliche Handlung, deren Verwirklichung von einer ausgesprochenen oder unausgesprochenen Bedingung abhängt. Die im Hauptsatz stehende, grundsätzlich mögliche Handlung kann in der Gegenwart oder Zukunft liegen. (Die Aussichten für das tatsächliche Zustandekommen sind allerdings relativ gering).
Iría con él al cine si me invitara.

b) Im indirekten oder abhängigen Fragesatz und in anderen Nebensätzen drückt das Potencial simple eine von der Vergangenheit des Hauptsatzes aus gesehene Zukunft aus, die von der Gegenwart aus gesehen jedoch meist schon zur Vergangenheit geworden ist:
Yo no sabía a qué hora vendría. Dijo que vendría a las tres.

c) Das Potencial – als Vergangenheit des Futurs – kann eine Vermutung bezüglich einer Vergangenheit ausdrücken:
Serían las tres – supongo que eran las tres.
(Im Deutschen dafür auch Futur II, was spanisch unmöglich wäre: Es wird drei Uhr gewesen sein.)

10. Potencial compuesto

Das Potencial compuesto entspricht in der Bedeutung dem zusammengesetzten Konditional des Deutschen. Wie dieses wird es weitgehend durch Konjunktiv Plusquamperfekt – Pret. pluscuamperfecto de subjuntivo – vertreten, wobei die Formen des Hilfsverbs auf -ra verwendet werden.

a) Es bezeichnet eine als grundsätzlich möglich betrachtete Handlung in der Vergangenheit, die nicht verwirklicht wurde, weil eine Voraussetzung dazu (Pret. pluscuamperfecto de subjuntivo) fehlte:
Habría (oder häufiger: hubiera) ido al cine si me hubiese invitado.
Le pregunté si habría venido si le hubiésemos invitado.

b) Das Potencial compuesto kann die Vermutung ausdrücken, daß eine Handlung in der Vergangenheit zum Abschluß kam:
A esas horas ya lo habría preparado todo.

Anmerkung:
«Er hätte es mir sagen können, sagen sollen.» –
Da es sich um einen Hauptsatz handelt, müßte man zuerst an eine Übersetzung mit Potencial compuesto denken. Die übliche Konstruktion mit den Modalverben poder und deber lautet jedoch:
Podía (seltener: pudiera oder podría) habérmelo dicho.
Debía (seltener: debiera oder debería) habérmelo dicho.

Die Bedeutung der einzelnen Zeiten des Indikativs und Konditionals ist vorstehend erläutert; die entsprechende Erläuterung des Subjuntivo schließt sich an.

Das Spanische kennt jedoch eigene Gesetze der Unterordnung des Nebensatzes unter die Zeit des Hauptsatzes. Dadurch wird der Eigenwert der im Nebensatz verwendeten Zeit manchmal verändert oder aufgehoben.

1. Indikativ im Nebensatz

a) Nach einem Hauptsatz im Präsens, Futur, Perfekt oder Konditional kann, entsprechend der Eigenbedeutung der Zeiten des Verbs, im Nebensatz jede Form des Indikativs stehen:

Le escribe		viene a las 8
Le ha escrito		venía a las 8
Le escribirá		ha venido a las 8
Le escribiría		había venido a las 8
	que	vino a las 8
Le habrá escrito		vendrá a las 8
Le habría escrito		habrá venido a las 8
		vendría a las 8
		habría venido a las 8

b) Steht im Hauptsatz eine Vergangenheit – das Perfekt gilt in diesem Zusammenhang nicht als solche! –, so steht im Nebensatz ebenfalls eine Vergangenheit. Dabei tritt das Imperfekt an die Stelle eines Präsens, das Konditional an die Stelle eines Futurs.

Me escribía		estaba en casa
Me escribió	que	estaría en casa
Me había escrito		estuvo en casa
		había estado en casa

c) Ausnahmen von dieser Regel – Vergangenheit nach Vergangenheit – treten auch dann nur selten auf, wenn der Inhalt des Nebensatzes offensichtlich etwas Gegenwärtiges ausdrückt:
No sabía que estaba (oder: está) casado.

2. Subjuntivo im Nebensatz

Steht im Nebensatz Subjuntivo, so richtet sich auch hier die Zeit nach der Zeit des Hauptsatzes (was nicht heißt, daß in Haupt- und Nebensatz gleiche Zeit stehen müßte!).

a) Nach einem Hauptsatz im Präsens, Perfekt oder Futur steht Presente oder Pretérito perfecto de subjuntivo:

No cree No creerá No ha creído	que	venga haya venido

b) In Abhängigkeit von einer Vergangenheit – das Perfekt gilt in diesem Zusammenhang nicht als solche! – oder von einem Konditional steht Pretérito imperfecto oder Pretérito pluscuamperfecto de subjuntivo.

No creía No creyó	que	viniera hubiera venido
No lo creería	si	no lo viera no lo hubiera visto
No lo habría creído	si	no lo hubiese visto

3. Indirekte Rede

Die indirekte Rede verlangt nicht, wie im Deutschen, die Verwendung des Subjuntivo, richtet sich aber streng nach den Regeln der Zeitenfolge.

Decía Dijo Había dicho	que	estaba en casa estaría en casa estuvo en casa había estado en casa

Selbstverständlich werden aber Formen des Subjuntivo, die bereits in der direkten Rede enthalten sind, als Subjuntivo in die indirekte Rede übernommen. Imperative (auch bejahende Imperative!) erscheinen in der indirekten Rede ebenfalls als Subjuntivo. Zeitenfolge beachten!

Direkte Rede	Indirekte Rede
¡Trabaja más!	Me dice que trabaje más. Me pidió que trabajara más.
Espero que lo entienda.	Dice que espera que lo entienda. Dijo que esperaba que lo entendiera.
No te preguntaría si lo entendiera.	Dice (dijo) que no me preguntaría si lo entendiera.
Lo hubiera hecho si me hubieses avisado.	Dice (dijo) que lo hubiera hecho si le hubiese avisado.

III - DIE ZEITEN DES SUBJUNTIVO

1. Presente de subjuntivo

Das Presente de subjuntivo drückt eine mögliche oder noch unbestimmte
Handlung in der Gegenwart und vor allem in der Zukunft aus:

El día que vuelva	an dem Tag, an dem ich zurückkomme (unbestimmte Zukunft).
Es posible que vuelva.	Es ist möglich, daß er (jetzt oder später) zurückkommt.
Me dice que (yo) vuelva.	Er sagt, ich solle zurückkommen.

2. Pretérito imperfecto de subjuntivo

Das Pret. imperfecto de subjuntivo drückt eine mögliche, sehr oft aber eine
als weitgehend irreal angesehene Handlung in der Gegenwart aus:

Si volviera ...	Wenn er käme – es könnte ja sein.
¡Si volviera!	Wenn er nur zurückkäme – für den Augenblick rechnen wir kaum damit.

Entsprechend der Zeitenfolge statt Presente de subjuntivo, wenn im Hauptsatz eine Vergangenheit steht:

Era posible que volviera.	Es war möglich, daß er zurückkommen würde.
Me dijo que volviera.	Er sagte, ich solle zurückkommen.

3. Pretérito perfecto de subjuntivo

Das Pret. perfecto de subjuntivo drückt eine mögliche, unsichere oder zweifel-
hafte Handlung aus, die – wie beim Pret. perfecto de indicativo – abgeschlossen, als Ergebnis aber noch gegenwärtig ist (oder sein könnte):

Es posible que haya vuelto.	Es ist möglich, daß er zurückgekommen ist / daß er schon da ist.

4. Pretérito pluscuamperfecto de subjuntivo

Das Pret. pluscuamperfecto de subjuntivo drückt eine mögliche, meist aber
irreale Handlung in der Vergangenheit (nicht nur Vorvergangenheit!) aus:

Si hubiese vuelto, hubiéramos ido juntos.	Wäre er zurückgefahren, so wären wir zusammen gefahren (gleichzeitige Vergangenheit!).
Si hubiese vuelto, le invitaríamos.	Wäre er zurückgekommen, so würden wir ihn einladen.

5. Futuro imperfecto de subjuntivo

Das Futuro imperfecto de subjuntivo ist eine im normalen Sprachgebrauch nicht mehr übliche Form; sie wurde daher in die Konjugationstabellen dieses Heftes nicht aufgenommen.

Die Bildung der Formen erfolgt nach der Ableitungsregel für Pret. imperfecto de subjuntivo: tuvieron – tuviere, tuvieres, tuviere, tuviéremos, tuviereis, tuvieren.

Die Form wird heute noch literarisch und vor allem in juristischen Texten gebraucht. Sie bezeichnet eine in der Zukunft liegende ungewisse, aber mögliche Handlung und steht im Temporal-, Konditional- oder Relativsatz:

El concesionario responderá de cualquier daño o perjuicio que se originare por terceros . . .

Lizenzträger haftet für jeden Schaden, der durch Dritte entsteht.

IV – REGELN FÜR DIE VERWENDUNG DES SUBJUNTIVO

Im Hauptsatz steht Subjuntivo nur als direkter oder indirekter Imperativ: venga Vd. – no vayas – sea lo que sea – diga lo que diga

Die folgenden Regeln beziehen sich daher ausschließlich auf den Subjuntivo im Nebensatz. Eine vollständige Erfassung der – in manchen Fällen auch sehr subjektiven – Verwendungsmöglichkeiten des Subjuntivo ist ausgeschlossen. Wir glauben jedoch, mit diesen Regeln das Wesentliche dessen zu erklären, was überhaupt in Regeln einzufangen ist.

1. Nach Verben und Ausdrücken des Wunsches, Befehls, Verbots, der Erlaubnis und der Absicht usw.:

Quiero que vayas. Te permito que vayas. Te prohibo que vayas.
Procuraré que no te vean. Le diré que vaya.
Zu beachten ist, daß z. B. decir nicht automatisch Subjuntivo verlangt, sondern nur, wenn es in der Bedeutung «auffordern» verwendet wird. Dagegen: Le digo que estaré en casa.

2. Nach Verben und Ausdrücken, die eine gefühlsbetonte persönliche Anteilnahme oder Stellungnahme bezeichnen, z. B.

Siento que sea así. Me alegro que haya venido. Temía que lloviese. ¡Qué tonto que lo haya dicho!
(Der Ausdruck der Möglichkeit oder Ungewißheit, der sonst im Subjuntivo enthalten ist, ist in vielen dieser Fälle nicht gegeben!).

3. Nach unpersönlichen Ausdrücken (meist zusammengesetzt aus «es + Adjektiv») steht Subjuntivo – z. T. aus der Bedeutung dieser Ausdrücke erklärbar, z. T. rein schematisch:

es necesario que	es ist nötig, daß
conviene que	es ist zweckmäßig, daß
es tiempo que	es ist an der Zeit, daß
es extraño que	es ist merkwürdig, daß
es probable que	es ist wahrscheinlich, daß
es natural, lógico que	es ist ganz natürlich, daß
puede ser que	es ist möglich, daß usw.
Aber:	
es seguro que viene	es ist sicher, daß er kommt

4. **Subjuntivo steht nach verneinten Ausdrücken der Meinungsäußerung und des Denkens, wenn durch die Verneinung im Hauptsatz die Aussage des Nebensatzes in Frage gestellt oder als irreal bezeichnet wird:**

No he dicho que sea así. Ich habe nicht gesagt, daß es so sei. (Das ist nicht meine Meinung oder ich habe sie nicht in dieser Form geäußert).

Nach bloßen Ausdrücken des Sagens und der Mitteilung – es können die gleichen Verben sein! – steht jedoch Indikativ, wenn die Realität des Nebensatzes nicht durch die Verneinung des Hauptsatzes in Frage gestellt werden soll:

No le he dicho que es así. Ich habe ihm nicht mitgeteilt, daß es tatsächlich so ist.

Vgl. auch die indirekte Rede, Seite 81.

5. **Nach Ausdrücken des Sagens, Glaubens und Denkens in der Frage steht Indikativ oder Subjuntivo, je nachdem der Fragende eine unbeeinflußte Auskunft erbittet (Indikativ) oder eine eigene negative oder positive Einstellung in der Frage zu erkennen gibt:**

¿Cree Vd. que es así? Ist es so (oder anders)?
¿Vd. cree que esto sea así? Glauben Sie das denn wirklich? (Ich nicht!)
¿No cree Vd. que es así? Glauben Sie nicht, daß es so ist? (Ich bin überzeugt davon!)

6. **Subjuntivo im Relativsatz**

a) Wenn der Relativsatz eine geforderte Eigenschaft, eine Bedingung enthält (nicht tatsächlich gegebene Eigenschaften beschreibt):
Busco un amigo que tenga coche.
Dagegen: Estoy buscando a un amigo mío que tiene la llave de mi coche.

b) Wenn das Subjekt des Relativsatzes noch unbekannt oder unbestimmt ist:
El que venga primero tendrá la mejor habitación. (Noch ist unbekannt, wer zuerst kommen wird).
Dagegen: El que ha venido primero tiene la mejor habitación.

c) Nach verneintem Hauptsatz, wenn sich die Verneinung auch auf den Relativsatz erstreckt:

No hay quien lo aguante.   (Das Subjekt des Nebensatzes – er hält aus – wird als nicht existent angesehen).

d) Nach quienquiera und cualquiera.

Wie bei b) ist hier das Subjekt nie fest umrissen und genau bekannt.

Cualquiera que sea la causa ... was auch immer der Grund sein mag.

7. Subjuntivo im Bedingungssatz

Das Pret. imperfecto oder Pret. pluscuamperfecto de subjuntivo steht, wie im Deutschen, nach der Konjunktion si = wenn, im sogenannten irrealen Bedingungssatz (der nicht immer wirklich irreal zu sein braucht); im Hauptsatz steht Potencial oder die Ersatzform des Pret. pluscuamperfecto de subjuntivo mit hubiera:

Si tuviese tiempo iría al cine. Si me hubiese dado el dinero iría al cine. Si hubiese tenido tiempo hubiera (habría) ido al cine.

8. Subjuntivo nach Konjunktionen

a) Eine Reihe von Konjunktionen, die dem Nebensatz potentiellen, irrealen oder finalen Charakter verleihen, fordern immer Subjuntivo. Die wichtigsten dieser Konjunktionen sind:

caso que (en caso que, .n el caso de que)	wenn, falls
a no ser que	es sei denn, daß
sin que	ohne daß
como si	als ob, wie wenn
antes que	bevor
para que	damit
con el fin de que	damit

b) Subjuntivo steht nach einer Reihe von Konjunktionen nur dann, wenn der Inhalt des Nebensatzes sinngemäß einer der Regeln für die Verwendung des Subjuntivo entspricht. Eine vollständige Darstellung der betreffenden Fälle würde den gegebenen Rahmen verlassen; wir führen jedoch ein wichtiges Beispiel an:

Digo que empezaré cuando venga – sobald er kommt (unbestimmter Zeitpunkt; vgl. 6 b).

Dije que empezaría cuando viniese – der gleiche Satz, nach den Regeln der Zeitenfolge verändert.

Dagegen:

Cuando está Alfonso, hablamos español – immer wenn er da ist (Erfahrungstatsache).

9. Subjuntivo als Ersatz für Potencial

a) Statt Potencial compuesto steht häufiger Pret. pluscuamperfecto de subjuntivo mit der Form des Hilfszeitwortes auf -ra:
Te hubiera ayudado si lo hubiese sabido.

b) Ersatz des Potencial simple durch Pret. imperfecto de subjuntivo ist nur bei Modalverben üblich; vor allem quisiera, aber auch pudiera und debiera.

Materialien zur Grammatik- und Wortschatzarbeit

Wolfgang Halm
Moderne spanische Kurzgrammatik
244 Seiten, kt. ISBN 3-19-004020-6

Mit dieser ausführlichen systematischen Darstellung der spanischen
Grammatik gibt der Verfasser einen Überblick über die wichtigsten
Erscheinungen und Strukturen der modernen spanischen Umgangssprache. Der Aufbau des Werkes kommt vor allem den Bedürfnissen
derjenigen Benutzer entgegen, für die der Lernprozeß noch im Vorder-
grund steht: Regeln und Erklärungen werden aus Beispielen der
gesprochenen Alltagssprache oder Ausschnitten aus Zeitungstexten
abgeleitet. Die grammatische Terminologie wurde dabei auf ein abso-
lut notwendiges Minimum beschränkt. Durch ein fortlaufendes Num-
mernsystem, viele Querverweise und ein ausführliches Register ist die
Grammatik nicht nur ein hilfreiches Arbeitsinstrument für Lernende,
sondern auch ein praktisches Nachschlagewerk, das allen empfohlen
werden kann, die sich mit der heutigen spanischen Sprache und ihren
vielfältigen Erscheinungsformen und -tendenzen befassen.

Günther Haensch / Mariano Puy Costa / Hans Schneider
Español vivo
Ejercicios prácticos de lengua española
Morfología – Sintaxis – Ortografía – Vocabulario – Fraseología y
modismos – Estilística
180 Seiten, kt. ISBN 3-19-004004-4

Clave
48 Seiten, geh. ISBN 3-19-024004-3

Español vivo ist ein Übungsbuch, in dem schwerpunktmäßig Phäno-
mene der spanischen Sprache, die dem Ausländer erfahrungsgemäß
Schwierigkeiten bereiten, aufgegriffen und in gezielten Übungen ver-
arbeitet werden. Als Beispiele seien hier genannt: der Gebrauch von
ser und *estar,* der Gebrauch der Zeiten und der Präpositionen und die
Handhabung von Redewendungen und Sprichwörtern, an denen die
spanische Sprache so reich ist. 320 Übungen zu Morphologie, Syntax,
Rechtschreibung, Wortschatz und Stilistik machen dieses Übungsbuch zu einer hilfreichen Arbeitsgrundlage für Spanischlernende, die
ihre Kenntnisse auffrischen oder erweitern möchten.

Max Hueber Verlag · D-8045 Ismaning

Wolfgang Halm / Alberto Barrera-Vidal

Spanischer Mindestwortschatz

Neubearbeitung
164 Seiten, kt. ISBN 3-19-004058-3

Die vorliegende Neubearbeitung

- enthält die ca. 1600 gebräuchlichsten Wörter der spanischen Sprache;
- ist die Wortschatzgrundlage für das VHS-Zertifikat Spanisch;
- veranschaulicht anhand von Anwendungsbeispielen die wichtigsten Bedeutungsvarianten der Vokabeln;
- enthält einen Überblick über die wichtigsten Aussprachregeln.

Ein handliches und praktisches Nachschlagewerk für alle Spanischlernenden.

Annemarie Schick-Wagner

Spanischer Grundwortschatz
Wirtschaft

116 Seiten, kt. ISBN 3-19-004040-0

Die Fachsprache der Wirtschaft hat in verstärktem Maß Eingang in den Wortschatz des täglichen Lebens gefunden. Wer eine fremde Sprache mehr als nur oberflächlich erlernen möchte, kann deshalb nicht umhin, sich auch mit dem Vokabular der Wirtschaft zu befassen. Dies gilt besonders für Lernende, die ihre Sprachkenntnisse auch beruflich verwerten wollen. Mit dem spanischen Grundwortschatz Wirtschaft wird diesem Interessentenkreis ein handliches Lernwörterbuch zur Verfügung gestellt, das kein Fachwörterbuch ersetzen will, sondern auf die Erweiterung der Allgemeinsprache in Richtung auf die Wirtschaft abzielt. Das Buch umfaßt ca. 6000 Stichwörter, die in alphabetischer Reihenfolge spanisch-deutsch angelegt sind. Häufig werden nicht nur einzelne Termini, sondern auch Wendungen angegeben. Vor allem bei den Verben erweist sich die Wiedergabe im Kontext für den Lernenden als hilfreich. Ein nützliches Lern- und Nachschlagewerk für alle, die sich mit spanischer Wirtschaftssprache im weitesten Sinne befassen.

Max Hueber Verlag · D-8045 Ismaning